ANTHROPOLOGIE DU COMBAT.

LIVRE I

LE COMBAT DEFENSIF DE SURVIE.

Le mental au combat.

Jean-Luc GUINOT.

« *Ô homme, de quelque contrée que tu sois, quelles que soient tes opinions, écoute.*
Voici ton histoire telle que j'ai cru la lire, non dans les livres de tes semblables qui sont menteurs, mais dans la nature qui ne mentent jamais. Tout ce qui sera d'elle est vrai. Il n'y aura de faux que ce que j'y aurai mêlé du mien sans le vouloir. Les temps dont je vais parler sont bien éloignés. Combien tu as changé de ce que tu étais ! C'est pour ainsi dire la vie de ton espèce que je te vais décrire d'après les qualités que tu as reçues, que ton éducation et tes habitudes ont pu dépraver, mais qu'elles n'ont pu détruire ».

Jean-Jacques ROUSSEAU
De l'inégalité parmi des hommes.

Anthropologie du combat

INTRODUCTION

> « *Il est vain, si l'on plante un chêne, d'espérer s'abriter bientôt sous son feuillage.* »
>
> Antoine de SAINT-EXUPERY – *Terre des Hommes.*

Pourquoi écrire ? dans le monde très curieux où nous vivons pourquoi diable écrire un livre sur l'humain au combat ? dans « mon utopie » Albert JACQUARD[1] écrit « *la meilleure façon de faire le tour d'un domaine scientifique est de l'exposer, de l'enseigner, d'en faire un livre* ». Certes, écrire est une aventure passionnante en continuité directe avec l'enseignement, les deux, obligeants à une recherche approfondie des sujets à développer. Étudier l'humain au combat nous entraîne dans une aventure scientifique passionnante, mais déroutante, car susceptible de changer à tout jamais la vision d'un monde bien différent de celui que notre socio culture voudrait nous montrer, voir nous imposer. À bien y réfléchir, on se demande d'ailleurs pourquoi les humains n'écrivent pas plus[2], nous pensons bien entendu aux hommes et aux femmes vivants sur cette terre, pensant ne pas en avoir les capacités ou, qui simplement pensent ne rien avoir à dire. Pourtant, chaque homo sapien vivant sur cette planète est une expérience de vie exceptionnelle, car unique. Il est nul besoin d'être professeur et de passer l'agrégation pour avoir une expérience à transmettre aux générations qui

---
1 Généticien de formation, auteur d'un grand nombre de livres sur des sujets de société très divers.
2 Nous n'ignorons pas que malheureusement 75 millions d'enfants dans le monde ne sont pas scolarisés et que sur 860 millions d'illettrés, 500 millions sont des femmes.

vont suivre. Et, si le petit humain qui demain, entrant à l'école pour la première fois était incité toute sa vie durant, à exposer son savoir et ses expériences de vie pour les générations à venir comme, une marque de son passage sur cette terre comme, une contribution à l'évolution de notre espèce ? Qu'importe que cet enfant devienne ingénieur, professeur, artisan ou mère au foyer, il aura une vie à raconter, un vécu à expliquer, un savoir à transmettre. Chaque humain a finalement le droit de vivre après cette disparition biologique que nous appelons la mort. Actuellement l'informatique y contribue avec les blogs et autres systèmes de communication, mais un livre est autre chose, un livre est un patrimoine de vie, il met nos sens à contribution, crée des émotions. Le livre est un héritage bien plus important que l'héritage familial des biens matériels, il est l'héritage humain de la connaissance faite à l'humanité. H. LABORIT a écrit « *la vraie famille de l'Homme, ce sont ses idées, et la matière et l'énergie qui leur servent de support et les transportent, ce sont les systèmes nerveux de tous les hommes qui à travers les âges se trouveront « informés » par elles. Alors, notre chair peut bien mourir, l'information demeure véhiculée par la chair de ceux qui l'ont accueillie et la transmettent en l'enrichissant, de génération en génération* ».

Nous avons dit tout à l'heure que l'étude de l'humain était passionnante mais, pouvait être déroutante, en effet, comment ne pas être effrayé lorsque l'on pénètre l'humain dans son vide quantique, début de l'aventure des niveaux d'organisation du vivant. Comment ne pas être effrayé et en même temps passionné, lorsque l'on découvre le fonctionnement du système nerveux, successivement, reptile, mammifère et imaginant ou les

trois à la fois. Alors un jour, à force d'étudier, à force d'enseigner, arrive le moment d'écrire en essayant de partager et de transmettre son savoir, sachant que ce savoir n'est que le résultat d'une expérience personnelle, faite de connaissances accumulées à l'ombre d'une socio culture qui s'est imprimée pour toujours dans le cerveau de celui qui écrit, de la première seconde de sa vie à l'instant ou il rédige. Écrire c'est donc partager son savoir, son expérience, afin d'informer l'autre, en prenant bien garde de ne pas faire comme Narcisse qui cherchant l'autre, regarde à la surface de l'eau et ne voit jamais que son visage.
L'objectif de ce livre est d'expliquer, le plus simplement possible, le fonctionnement du corps et du cerveau lors d'une agression sachant que, du premier au dernier jour de sa vie, l'homo sapien-y sera confronté. L'Homme moderne, comme l'était son ancêtre, est parfaitement armé pour faire face à toutes sortes d'événements inattendus et violents, il en possède les ressources innées ou acquises tout au long de son évolution en tant qu'espèce. En théorie, l'homme du XXIe siècle, fort des expériences transmises par ses ancêtres devrait être capable de faire face avec succès à toutes sortes d'agressions, pourtant il n'en est rien ! nous pouvons même dire que jamais, l'Homo sapien ne fut si faible dans son corps et dans sa tête. Capable d'inventer des armes terrifiantes pour tuer en nombre et à distance mais, incapable la plupart du temps de gérer une agression au corps-à-corps l'impliquant personnellement. Jouant sans vergogne avec la nature, au point de la provoquer en allant s'installer sur les rives des fleuves et dans les couloirs d'avalanches mais, anéanti par le déchaînement des éléments naturels lorsque ceux-ci se contentent juste d'exister.

Anthropologie du combat

En 1754, Jean-Jacques ROUSSEAU[3] écrivit un discours devenu célèbre sur « *l'origine et les fondements de l'inégalité parmi les hommes* », le grand homme et libre penseur qu'était Rousseau essaye de démontrer dans la première partie de son ouvrage que l'homme à l'état de nature, c'est-à-dire tel qu'il serait sans la socio culture de son époque, est capable de rivaliser avec les dangers de la nature y compris les prédateurs les plus féroces : « *Le corps de l'homme sauvage étant le seul instrument qu'il connaisse, il l'emploie à divers usages, dont, par le défaut d'exercice, les nôtres sont incapables, et c'est notre industrie qui nous ôte la force et l'agilité que la nécessité l'oblige d'acquérir* ». Et d'ajouter : « *Mettez un ours ou un loup aux prises avec un sauvage robuste, agile, courageux comme ils le sont tous armés de pierres et d'un bon bâton, et vous verrez que le péril sera tout au moins réciproque* ».

Pour autant, nous parlons là de l'Homme en général avec un grand H, c'est-à-dire l'homo sapiens, homme ou femme, depuis son apparition il y a 150 000 ans environ. Pourquoi l'Homme du XXI siècle est-il plus faible que ses ancêtres de la préhistoire ? Notre espèce devient-elle plus fragile ? Cette situation est-elle irréversible ? Depuis la période néolithique, il y a environ 12 000 ans et l'apparition de la sédentarisation ; C'est-à-dire l'abandon de la chasse au profit de l'agriculture, depuis l'apparition de l'outillage et d'un mode de vie moins rude, depuis notamment la spécialisation des métiers et plus particulièrement le métier des armes destiné aux seuls guerriers chargés de défendre les richesses, les villages et de faire la guerre,

---

[3] Écrivain, philosophe, musicien Genevois né le 28 juin 1712 mort le 2 juillet 1778. Grand philosophe du siècle des lumières.

l'Homme a désapprit à se défendre et à faire face aux prédateurs.

À poids égal, l'homme est sans doute le mammifère le plus défavorisé par la nature, ses armes naturelles et ses capacités physiques sont dérisoires, par ailleurs, la station debout limite sa vitesse en cas de fuite et expose ses organes vitaux en cas de combat. Henri PLEE[4] dans son ouvrage sur les points vitaux ne dit pas autre chose : « *Sa bipédie limite sa vitesse de fuite et expose dangereusement la quasi-totalité de ses organes vitaux : yeux, gorge, cœur, ventre, testicules, seins, n'attendant manifestement que le coup, la saisie ou la morsure* » et d'ajouter « *si notre évolution ne nous avait pas dotés d'un cerveau « nouveau », suffisant créatif pour inventer des prothèses (des armes) et pour cogiter des stratégies de protection et de repli... il est probable que nous ne serions pas là. Nous ferions partie des 98 % des espèces animales qui s'éteignirent depuis l'apparition de la vie sur la terre* ».

Il est d'ailleurs possible que la faiblesse physique naturelle de l'être humain soit à l'origine de ses capacités à tuer ses semblables dans des guerres effroyables et avec des armes de plus en plus sophistiquées.

Pourtant, nous pensons l'Homme doué d'un patrimoine génétique et culturel capable de lui permettre de répondre aux agressions de toutes sortes, nous pensons, que les ressources qui étaient celles de ces ancêtres, sont encore en lui et qu'elles ne demandent qu'à être activées. Dans le cadre d'une méthode laboratoire,

---

[4] 10 dan de karaté, pionnier du karaté en France, auteur de nombreux ouvrages sur les sports de combat.

appelée R.A.P.A.C.E (i) (*réactions adaptées aux agressions et prédations par le combat éducatif et instinctif*), nous avons donc établi plusieurs programmes visant cet objectif. Nous avons remarqué, chez nos étudiants que la peur, l'angoisse, le stress, précédant une confrontation ou une agression même aiguë, était atténuée chez les sujets à qui nous avions expliqué le fonctionnement du cerveau, du système nerveux, du mécanisme de la peur et de l'inhibition de l'action. Mieux encore, il semble que les capacités de défenses mentales et physiques, s'en trouvent libérées et renforcées. Cela s'est avéré significatif lors de parcours de stress et de mise en situation réaliste, mais également lors de relevés ethnographiques[5] auprès de personnes ayant suivi nos programmes.

L'objectif de ce livre est donc de vous faire partager nos réflexions et connaissances sur le sujet du point de vue de la préparation mentale persuadé, qu'elle est la base même d'une réadaptation à la réponse aux agressions. En effet, nous pensons qu'aucun changement ne peut intervenir par la seule technique, aucun système de combat, aussi efficace soit-il ne peut transformer un humain englué dans une socio- culture de dépendance, en un humain capable de défendre sa vie en situation de stress intense. Il est vain d'enseigner une gesticulation sportive ou dite martiale sans action sur le cerveau et plus particulièrement sur le système nerveux, il est possible de déguiser un mouton en tigre, il n'en reste pas moins un mouton ! La confrontation face à face (corps à corps) physique et (ou) psychologique est, sans doute, la plus traumatisante pour un individu, le choix

---

5 Étude descriptive et analytique sur le terrain des mœurs et coutumes des populations, des groupes sociaux de toutes les cultures.

de se battre, de résister, de fuir ou se soumettre, est toujours difficilement accepté et les excuses fournies par l'égo sont loin de satisfaire, les profondeurs de l'âme et de l'amour propre.

Nous pensons, que chaque homo sapien devrait avoir à sa disposition une boîte à outils afin de l'aider à trouver des solutions lors d'une agression et ainsi lui permettre de pouvoir fuir ou lutter, mais également de gérer l'après et faire en sorte que l'expérience vécue, puisse servir à la création d'un outil de vie supplémentaire. Nous reviendrons en détail dans un prochain livre sur les raisons physiques, biologiques et socioculturelles, qui selon nous, conduisent l'homme du XXIe siècle à cette incapacité à faire face aux agressions et affaiblissent l'espèce.

Ce livre est destiné à donner des outils permettant, de mieux vivre les confrontations et les agressions que la vie ne manquera pas de mettre sur votre chemin, il vous aidera aussi à comprendre les épreuves passées et à établir des stratégies de défense efficaces. L'agression physique, base même de notre réflexion, est bien sûr très largement abordée, mais nous avons voulu élargir notre exposé, avec les agressions dites psychologiques et notamment l'inhibition de l'action, responsable de nombreuses maladies et cause de décès dans de nombreux pays.

Ce livre, cet essai littéraire s'adresse à tous, dans un langage le plus accessible possible pour les non-spécialistes, il est le résultat d'une recherche, d'un essai de compréhension d'un système complexe, puisque vivant, et en évolution permanente. L'auteur de ce livre ne prétend pas détenir la vérité[6]- mais évoque la

---

6 La vérité est seulement valable par celui où celle qui l'exprime.

réalité[7]- il ne propose pas de recettes miracles pour apprendre à se défendre mais, simplement fournir des éléments capables d'alimenter votre propre réflexion avec l'espoir de faire de vous des chercheurs, capables de découvrir des voies inexplorées et plus particulièrement celles qui sont enfouies au plus profond de votre cerveau.

---

7 La réalité est une chose connue sur laquelle il est possible d'émettre une opinion.

Chapitre I.

L'anthropologie[8] du combat au corps-à-corps.

« Qui ne bouge n'apprends rien. Oui, pars, divise-toi en parts.

Michel SERRE- Le Tiers instruit.

On a beaucoup écrit sur le stress, sur la confrontation et les agressions, des ouvrages intéressants existent, la biologie, la psychologie, la sociologie, la politique, s'y sont beaucoup intéressées. Pour autant, nous constatons que la plupart des ouvrages connus, émanent de brillants scientifiques, qui expliquent avec brio les mécanismes de l'agression et de la confrontation, mais il faut reconnaître qu'à quelques exceptions prêts, cette littérature scientifique manque de « réalisme » c'est-à-dire de vérifications personnelles des théories sur le terrain. La réalité de la rue n'est pas celle des laboratoires et des salles de cours.

À l'opposé, nous constatons une littérature dite spécialisée, émanant d'experts en arts martiaux et de professionnels de la sécurité, censée expliquer comment défendre sa vie en cas d'agression, mais là encore, la réalité de la rue n'est pas non plus celle des dojos ou des salles de sports.

La réalité d'un policier n'est pas celle d'une femme battue, ils sont pourtant l'un et l'autre confrontés à la violence et à l'agression. Alors, pour ne pas écrire des livres faits de livres, pour comprendre l'agressivité et la confrontation de l'Homo sapien avec ses semblables, il faut sortir, se mettre en danger, se confronter aux

---

8 Branche des sciences qui étudie les êtres humains sous tous leurs aspects.

risques, être parfois agressé soi-même, voir victime. Il faut combattre, quitte à être blessé aussi dans son corps et dans son égo. Bref dehors commence le travail de l'anthropologue[9]- tel qu'il nous apparaît, dans une vision globale du problème issue de l'interdisciplinarité qu'impose son travail et permettant nous l'espérons, une meilleure compréhension pour tous.

Mais avant de continuer, définissons l'anthropologie du combat au corps-à-corps et voyons ce que ce travail peut apporter à l'humain, dans sa confrontation quotidienne avec ses semblables et son environnement.

L'anthropologie du combat au corps-à-corps est la science de l'homme au combat rapproché (corps à corps) avec et sans armes. Elle propose l'étude des êtres humains au combat dans une perspective biologique et sociale. On distingue l'anthropologie physique, qui étudie l'évolution et l'adaptation des hommes au combat en tant qu'êtres biologiques et l'anthropologie sociale et culturelle qui étudie la vie des hommes au combat à travers les langues, les coutumes, les croyances, les mythes, les institutions…

L'anthropologie du combat au corps-à-corps, étudie les périodes allant de la préhistoire à nos jours, elle propose l'étude de « l'homo furiosus » et de « l'homo defendere » version guerrière et souvent cachée de l'homo sapien et de nos ancêtres depuis le paléolithique. Nous pensons, en effet que le combat au corps-à-corps accompagne l'évolution de l'espèce : d'ailleurs aurait-il pu y avoir une espèce humaine sans une science du combat permettant de se défendre contre des prédateurs bien plus forts et plus puissants ? Car

---

[9] Nous aimons à penser qu'il y a autant de méthode de travail que d'anthropologue et que l'anthropologie vie dans chaque Homme qui s'intéresse à son prochain.

rappelons-le, nos ancêtres n'étaient pas vraiment adaptés pour le combat face aux fauves et autres bêtes féroces de l'époque. Il aura donc fallu élaborer des stratégies, inventer des armes, forger les corps, développer des méthodes de combat ; en premier lieu afin de se protéger des prédateurs puis, pour chasser afin de se nourrir et enfin, pour faire la guerre. Les techniques de combat se fondent avant tout sur le savoir-faire : c'est-à-dire une efficacité possédant de fortes composantes « innées » et « acquises » en conséquence, elles intéressent l'anthropologie des techniques que nous aborderons dans le tome II[10] de notre étude.

L'anthropologie du combat au corps-à-corps, ne peut se limiter à une analyse et une observation extérieure des techniques et des comportements au combat, elle doit pénétrer l'Homme au plus profond de son cerveau pour comprendre les mécanismes de pensée, de peur, de colère, de survie, dans la fuite et dans la lutte. Notre réflexion, est issue de plus de 25 années de recherche dans le domaine de l'agression, de la violence et des méthodes de combat. Cette recherche théorique et pratique est enrichie depuis plus d'une décennie, d'une application et de recherches sur le terrain auprès de populations très diverses, quant à ses origines ethniques, culturelles, et de tous milieux socioprofessionnels. Pour autant, nous avons conscience que cette expérience n'a de valeur que pour nous et que celle-ci est le reflet de notre personnalité, rien de plus. Notre réalité, notre vécu, n'est pas celui du lecteur, donc difficilement transposable nous le savons bien, prétendre le contraire serait malhonnête. Pour autant, nous sommes certains que nous pouvons ouvrir

---

10 À paraître.

l'esprit, de ceux qui veulent encore apprendre et surtout permettre à chacun de trouver son propre chemin.

Chapitre II.

Nos ancêtres.

« Pour un humain, être c'est devenir ».

Albert JACQUARD - Mon Utopie.

Nous n'aborderons ici brièvement que nos ancêtres les plus proches, en ignorant volontairement la période australopithèque[11] (Lucy) pour nous concentrer sur les représentants du genre Homo.
La partie de plus proche de notre histoire directe commence en Afrique, il y a - 2,5 millions d'années avec l'arrivée d'Homo Habilis et Homo Rudolfensis, si le premier est encore arboricole et fabrique les premiers outils rudimentaires, le second est plus robuste, carnivore, avec des capacités de déplacement plus rapide. Après leur disparition il y a 1,6 million d'années, ils sont remplacés par les vrais chasseurs que sont l'Homo Ergaster et l'Homo Erectus, robustes, puissants, capables de fabriquer des armes, élaborant des stratégies de chasse en groupe contre les animaux vivants en troupeau. Maîtrisant le feu, ils conquirent l'Europe et le moyen Orient. Tous deux sont à l'origine de l'apparition d'Homo Sapien et de l'homme de Néandertal. Ce dernier, chasseur redoutable et robuste, adapté aux conditions climatiques extrêmes, vécu de -250 000 ans à -28 000 ans avant notre ère et disparu pour des raisons qui restent encore à élucider. Pour autant, il serait étonnant qu'homo sapien, soit étranger

---
11 Hominidé ayant vécu entre 4 et 1 millions d'années avant notre ère.

directement ou indirectement à cette disparition.

Reste l'Homo Sapien (l'homme sage), vous et moi en sommes, que nous appelons Homme, apparus il y a -150 000 ans environ dont l'homme de cro-magnon est le représentant européen (- 35 000 ans). Celui-ci a conquis la planète, pour atteindre le chiffre impressionnant de plus 6,5 milliards d'individus en 2009.

L'Homo Sapien est donc le seul représentant d'une longue lignée du genre Homo, chacune disparue, lui ayant légué des caractères innés ou acquis. Pourtant, l'Homo Sapien n'est qu'une espèce comme une autre sur cette terre, en aucun cas supérieur aux autres espèces. Pour pouvoir vivre, il doit s'adapter à son milieu, comme le rat ou le microbe doivent s'adapter au leur.

Les périodes préhistoriques.

La préhistoire a débuté, il y a -3 ou -5 millions d'années avec l'apparition des premiers bipèdes (australopithèques) et s'est terminée -3000 ans avant notre ère avec l'apparition de l'écriture et le travail des métaux. Nous distinguons trois grandes périodes :

Le paléolithique est une période qui va de - 5 à 3 millions d'années à -12 000 ans environ avant JC, cette période immense est celle des chasseurs cueilleurs. L'Homme est alors essentiellement un prédateur qui tire ses ressources de la nature. Vers -1,6 million d'années, il sera capable d'élaborer des stratégies et fabriquer des armes en pierres taillées afin d'augmenter son efficacité à la chasse. Le chasseur cueilleur vit en groupe, en tribu, en suivant les troupeaux et au gré des aléas de la nature. Pendant longtemps, nous avons pensé qu'il était pacifique, il faut dire qu'avec le peu de population, les risques de conflits n'étaient évidemment pas très importants.

Entre - 80 000 ans et - 35 000 ans avant notre ère, on estime la population de la France entre 16 000 et 25 000 habitants repartis en 40 tribus.

Pour autant, les stratégies prédatrices développées pour chasser, firent merveilles lorsque les premières rixes virent le jour. Les dernières découvertes sur des ossements montrant des traces de lutte portent à croire qu'il pouvait être belliqueux envers ses semblables.

La période mésolithique est une période de transitions qui va durer entre 2000 et 3000 ans, en fonction des lieux géographiques. Elle va permettre aux chasseurs cueilleurs de s'installer et de s'adapter à leur nouvel environnement, occasionné par la fonte des glaces.

La période néolithique débute vers - 9000 ans environ pour se terminer vers - 3300 avant JC. Cette période est très importante puisqu'elle est marquée par la sédentarisation des humains, l'apparition de l'élevage et des cultures. Les spécialisations professionnelles font leur apparition. L'habitat précaire du chasseur cueilleur, fait place aux huttes groupées, puis aux villages et aux villes. L'élevage constitue également un point important de cette période. La période néolithique est certainement l'une des plus importantes de l'histoire de l'humanité, la néolithisation fut progressive et s'est étalée sur plusieurs milliers d'années ; même si, par rapport à l'histoire de l'humanité, elle fut très rapide. Le polytechnicien qu'était le chasseur cueilleur, capable d'assurer seul sa survie, devint un mono technicien spécialisé dans un métier mais, dépendant des autres pour sa survie. Avec l'accumulation des richesses et le regroupement des populations, commencèrent les rivalités, les jalousies, puis les conflits de toute nature.

L'homme, pu alors donner libre cours à son imagination pour inventer des armes, toujours plus sophistiquées, (l'arc apparu à - 20 000 ans) son esprit dominant fit le reste, les stratégies de chasse, devinrent stratégies guerrières, la proie devient l'humain et depuis cette époque lointaine jusqu'à nos jours, le massacre de ses semblables ne cessa plus.
Pendant la période néolithique, de redoutables civilisations guerrières firent leurs apparitions, les premières furent sans doute les civilisations sumériennes[12] et akkadiennes, qui apparurent dans l'actuel Irak. Elles dureront de - 6000 ans à - 2000 ans avant JC, elles étaient dotées d'une organisation politique, de lois, d'une religion et d'une armée.
Dans le livre intitulé : « *le sentier de la guerre* » «*visages de la violence préhistorique* » Jean GUILAINE et Jean ZAMMIT écrivent : « *La cité état sumérienne cultive la guerre et s'entre-déchire : on se dispute des territoires, on s'empare des troupeaux d'autrui, on tente de récupérer par la force les richesses de la ville la plus proche* » et parlant de l'étendard d'Ur, trouvé dans une sépulture datant de - 2500 ans : « *ici des chars, tirés par des onagres et emplis de projectiles, roulent sur le corps des ennemis. Là, le roi, suivi de ses dignitaires, voit défiler devant lui des prisonniers dénudés. Sur une bande centrale, d'autres vaincus, déshabillés, sont suivis par l'armée victorieuse des fantassins, casqués et protégés par une lourde cape* ».

---

12 Marque la fin du paléolithique au Moyen-Orient.

Anthropologie du combat

La fin du néolithique fit entrer l'humain dans la **Protohistoire**. D'autres civilisations et peuples firent leurs apparitions (les Celtes, germains, Huns, thraces, arabes post-islams…....), pendant l'âge de bronze et l'âge de fer. Puis vient **l'Histoire,** avec l'antiquité riche en guerres devenues légendaires ; **le moyen âge, l'époque moderne et enfin l'époque contemporaine**. Chacune de ses époques, composée de périodes violentes ou, Homo sapien mit son imagination à l'invention d'armes,[13] - plus meurtrières les unes que les autres. Celui-ci, laissant libre court à son agressivité, croyant à tort l'avoir maîtrisée et dominée par des lois ou des religions, ignorant le fauve tapis au fond de lui toujours prêt à attaquer, avec les armes que son époque lui fournit afin d'établir sa dominance.

Les stratégies de combat.

Pendant la période paléolithique et avant l'apparition des armées du néolithique, le combat primitif était surtout un combat d'embûche par petits groupes d'hommes et de femmes tuant par surprise. Les stratégies développées pour chasser s'avérèrent redoutables lorsqu'elles furent adaptées pour faire la guerre. Le groupe surpris n'avait pas plus de chance d'échapper à la mort, que le gibier de finir mangé. Dans ce combat corps à corps, face à face, prédateurs contre proies, avec des armes rudimentaires et à mains nues, la surprise était déterminante, souvent la seule chance du groupe attaqué était dans la fuite.
Mais lorsque la lutte était inévitable, alors s'engageaient des combats de survie d'une rare violence. Il ne fallait

---

13 L'arbalète inventée par les Chinois au IV siècle avant JC, fut interdite en 1139 car trop meurtrière.

Anthropologie du combat

sans doute pas s'attendre à une quelconque pitié en se soumettant. À notre époque cette technique de chasse et d'agression est toujours utilisée chez les prédateurs humains[14]- l'embuscade, la ruse, la surprise sont toujours le mode de fonctionnement permettant l'anéantissement de la « victime proie » avec plus de facilité et il est tout aussi difficile d'échapper aux griffes d'un prédateur humain à notre époque, qu'il l'était il y a des milliers d'années.

Avec l'apparition des armées du néolithique, de la protohistoire et de l'histoire, les choses changèrent. L'affrontement devint affaire de spécialistes, nous ne sommes plus au combat sauvage et désordonné, on se déclare la guerre, on s'y prépare des deux côtés, la discipline et la tactique font leur apparition, le combat devient collectif, la solidarité est de mise. L'appartenance à une armée, une unité, le dévouement à un chef, un pays, une nation, motive les troupes, la fuite devient honteuse, voir sanctionnée. (Actuellement, nous retrouvons ses ingrédients dans une activité sportive comme le foot, l'appartenance à un club, un pays, une nation, permet des excès incroyables et justifie des violences de toutes natures, qui semblent habituelles et admises par la collectivité, même si elles sont critiquées).

L'étude des stratégies militaires dans le combat est riche d'enseignement. De toutes les armées dont nous avons étudié les méthodes de combat au corps-à-corps, de l'antiquité à nos jours, les légions romaines nous semblent très supérieures et force est de constater que lorsqu'elles furent vaincues, elles le furent par des armées formées à la « romaine ». Le secret des

---

14 Nous étudierons la prédation humaine dans le libre II de l'anthropologie du combat – l'homme au combat.

Anthropologie du combat

Romains ne s'explique pas dans une stratégie supérieure ni par des capacités physiques exceptionnelles, ils n'étaient pas plus robustes que les Gaulois ou les Grecs.

Le secret des Romains était, dans leur connaissance des hommes, du fonctionnement émotionnel des soldats au combat, du comportement des hommes face à la peur, à la panique, à la douleur et à la souffrance. La conception même des légions et des cohortes intégrait, ce que nous appelons maintenant la science des comportements. L'engagement au combat était organisé autour des hommes afin de leur permettre de combattre le plus efficacement possible. Le combat au corps-à-corps est une épreuve terrible et l'étude du fonctionnement des mécanismes nerveux qui permettent de faire face à une agression sont aussi indispensable à l'Homme moderne qui veut se défendre, que l'était à l'époque antique, l'étude des comportements du légionnaire au combat.

Chapitre III.

Le fonctionnement du système nerveux.

« *Le système nerveux est une mémoire qui agit* » a écrit Henri LABORIT[15], il permet d'établir des relations entre l'individu et son milieu, il est l'ordinateur central du corps, qui doit être informé en temps réel des besoins et des ressources de l'organisme. Il est avec le système immunitaire et le système hormonal, le grand système de défense de l'organisme. Il est composé du cerveau, de la moelle épinière et d'un réseau sophistiqué de nerfs. Le système nerveux est divisé en deux sous systèmes :

1) Le système nerveux central composé du cerveau et de la moelle épinière.

2) Le système nerveux périphérique composé de nerfs récepteurs et ordonnateurs et divisé en **deux catégories principales qui sont ;**

A) Le système nerveux somatique chargé des relations avec l'extérieur.

B) Le système nerveux végétatif ou autonome chargé du contrôle des activités internes telles que la respiration, la circulation sanguine, la digestion, la sécrétion des hormones ... celui-ci est à son tour divisé **en deux systèmes :**

---

15 Né le 21 novembre 1917, décédé le 18 mai 1995. Chirurgien, neurobiologiste, eutonologue du comportement humain et philosophe. Auteur de nombreux ouvrages sur
les « neurosciences ».

Anthropologie du combat

<u>1) Le système nerveux sympathique ou orthosympathique</u> qui prépare le corps à l'action physique et intellectuelle, devant un danger, **il actionne la fuite ou la lutte**, il prépare le corps à l'action par la sécrétion d'hormones comme l'adrénaline ou la noradrénaline.

<u>2) Le système nerveux parasympathique</u> qui ralentit les fonctions de l'organisme afin de lui faire économiser son énergie, à l'exception toutefois de la digestion.

On comprend facilement l'importance du système nerveux lors d'une confrontation et plus particulièrement le rôle des systèmes sympathiques et parasympathiques lors d'une agression.

Les cellules nerveuses.

Le NEURONE est la cellule du système nerveux, pourtant à côté d'elle d'autres cellules existent, il s'agit des cellules GLIALES[16] chargées de nourrir et protéger les neurones. Les neurones au nombre de 100 milliards (environ autant que de planètes dans notre galaxie) forment un immense réseau dans lequel circule l'influx nerveux, sorte d'énergie électrique qui se propage de neurone à neurone et transmet l'information. Un neurone est composé d'un corps cellulaire et deux prolongements, L'AXONE et les DENDRITES chargées d'établir la connexion et de transmettre l'information à un autre neurone. Les neurones ont la particularité de communiquer entre eux sans se toucher pour faire circuler l'influx nerveux (les informations). Pour se faire ils vont utiliser des

---
16 Elles sont 10 à 50 fois plus nombreuses que les neurones.

Anthropologie du combat

NEUROTRANSMETTEURS dont les plus connus sont l'adrénaline, la noradrénaline, la dopamine, pour le système nerveux sympathique et l'acétylcholine pour le système parasympathique.

Le cerveau tri unique.

Développée par Paul Mac LEAN[17] dans les années 1970, la théorie du cerveau tri unique, est un concept théorique et un outil pédagogique qui n'est pas une réalité scientifique. La théorie du cerveau tri unique, représente trois cerveaux issus du fruit de notre évolution, le premier est le cerveau reptilien, le second le cerveau limbique ou système limbique et le troisième le cerveau néo mammalien ou néocortex. Les scientifiques utilisent volontiers les termes de Rhombencéphale, Mésencéphale et Prosencéphale, pour distinguer les structures cérébrales, sans qu'il y ait de liens anatomiques directs avec la théorie des trois cerveaux de Mac LEAN.

Toutefois, la théorie du cerveau tri unique, est reconnu de tous comme étant l'idéal pour une parfaite compréhension de l'évolution phylogénétique[18]- de notre espèce, en conséquence elle nous servira de base de travail.

---

17 Médecin et neurobiologiste américain né le 1er mai 1913 et décédé le 26 décembre 2007 auteur de la théorie du cerveau tri unique.
18 Système de classification des êtres vivants

Anthropologie du combat

Le cerveau reptilien.

Partie la plus ancienne de notre cerveau, apparue il y a 300 ou 400 millions d'années, il est situé en haut de la colonne vertébrale, bien en profondeur, pour résister efficacement à un traumatisme extérieur. Il assure les fonctions vitales de l'organisme, il contrôle la fréquence cardiaque, la température du corps, la respiration, l'équilibre, il prend en charge les actions réflexes, la recherche de nourriture, d'eau, de partenaire sexuel afin d'assurer la reproduction de l'espèce. Devant un danger, il organise la fuite ou la lutte, il est impliqué dans l'inhibition de l'action devant un danger grave, il est composé du tronc cérébral et du cervelet[19].

Il est également le gardien de nos réflexes « innés » et de notre instinct de conservation, il entraîne des comportements préprogrammés, (stéréotypés), une même action entraînant toujours une même réponse.

Le cerveau reptilien, du fait de sa mémoire à court terme, est le cerveau du présent, de l'instant T, de la réponse immédiate, hors de contrôle de notre volonté, il est également impliqué dans l'ontogenèse de l'individu, assurant le développement des caractères innés tout au long de sa vie.

Les actions reptiliennes, spontanées et stéréotypées, sont sans doute à rapprocher de la notion d'instinct, qui détermine les comportements innés : c'est-à-dire communs à l'espèce et transmis génétiquement, par opposition aux comportements acquis transmis par notre socio culture.

« *Le cerveau reptilien a été codé génétiquement à partir de l'œuf fécondé et il est incapable de faire*

---
19 Les parties Archéocerebellum et paléocerebellum

autre chose que ce pourquoi il a été élaboré » a écrit Henri LABORIT.

Le cerveau ou système limbique.

Le système limbique est notre deuxième cerveau, appelé également cerveau mammifère, il est apparu, il y a environ 150 millions d'années, chez les premiers petits mammifères. Mac LEAN, l'appelle le cerveau de l'affectivité et des émotions (joie, colère, peur..). Il est placé au-dessus du cerveau reptilien et va essayer de le contrôler, régulant ainsi les pulsions (servomécanisme). Le cerveau limbique est capable de mémoriser à long terme les expériences agréables ou désagréables (punitions, récompenses) et d'influencer nos comportements parfois inconsciemment. Il n'est pas sous l'emprise de la volonté, mais peut-être très facilement influencé car, il est également le siège des croyances et des manipulations (religions, sectes, politique, sports..). Du fait de sa mémoire à long terme, il est le cerveau du passé, mais influence le présent et l'avenir.

Le néocortex.

Il est le siège de l'imagination, du langage, de la pensée abstraite, des capacités d'apprentissages, (à ne pas confondre avec la mémoire) c'est également grâce à lui que peut se constituer la culture d'un individu. Il est présent chez tous les mammifères, mais celui des humains est en principe le plus performant. Il occupe environ 85 % du volume total du Crâne. Devant une situation à risque, par exemple une agression physique, il est le plus lent à réagir, son utilité dans l'urgence est donc dérisoire, voire handicapante. Le cortex humain est associatif c'est-à-dire qu'il est capable d'associer entre elles des afférences sensorielles, pour créer une image.

Henri LABORIT a écrit à propos du néocortex : « *Grâce aux associations du néocortex, l'homme est en mesure de construire un monde de relations avec son environnement. Il possède des millions de neurones qui mettent en relation non seulement des aires sensorielles et motrices mais également le système limbique* ».Lors d'une agression, le cerveau reptilien et le système limbique sont activés, en fonction de l'intensité de l'agression et si la menace est réelle, les mécanismes de survie présents dans notre patrimoine génétique sont activés en réponse de façon réflexe. S'ajoutent aussitôt, les mécanismes appris par mimétisme ou apprentissage lors de notre éducation, y compris, éventuellement, les réflexes implantés lors d'un entraînement de self-défense. Lorsque l'agression est réelle, soit qu'elle soit prévisible et monte en puissance, soit qu'elle soit soudaine façon prédation, le néocortex est littéralement déconnecté, afin de laisser travailler le couple cérébral « reptile limbique », celui-ci beaucoup plus rapide et fiable devant une situation de danger immédiat, prendra en charge la réponse.

Hémisphères et lobes cérébraux.

Le cerveau possède deux hémisphères, qui s'occupent chacun d'un côté du corps, cependant le côté est croisé, l'hémisphère droit s'occupe du côté gauche et l'hémisphère gauche du côté droit chez les droitiers. Les deux hémisphères sont séparés par des fibres nerveuses appelées « corps calleux » : celui-ci met en relation les hémisphères et lobes cérébraux pour y faire circuler l'information.

Les deux hémisphères cérébraux :

- ➤ *L'hémisphère gauche*, raisonne, parle, écrit et calcule.
- ➤ *L'hémisphère droit* est le sportif, l'artiste, l'inventif, l'imaginatif.

Nous distinguons quatre lobes cérébraux extérieurs et un lobe cérébral intérieur :

- ➤ *Le lobe frontal* (à l'avant du cerveau derrière le front) celui-ci est impliqué dans l'organisation, la logique, les mouvements volontaires du corps, la transformation des pensées en mots, il est impliqué dans la personnalité d'un individu.

- ➤ *Le lobe pariétal* (à l'arrière de la tête en haut) impliqué dans la température du corps, la douleur, le goût et en général la plupart des perceptions sensorielles.

- ➤ *Le lobe occipital* (à l'arrière de la tête en bas) impliqué dans la reconnaissance des objets, décodage de l'information visuelle, l'analyse des formes et des mouvements.

- ➤ *Le lobe temporal* (sur le côté de la tête) impliqué dans la distinction des sons et des musiques, dans la remémoration des souvenirs et dans la mémoire visuelle et verbale.

- ➤ *Le lobe cérébral intérieur* est appelé circonvolution singulaire, il est impliqué dans l'aide au système nerveux autonome (neurovégétatif) ajuste la pression sanguine, la fréquence cardiaque et les problèmes psychosomatiques lies aux émotions.

Chapitre IV.
Agression- Agressivité -Violence.

Avant de nous attaquer aux différents types d'agressivité, il est nécessaire pour une bonne compréhension du lecteur, de définir les niveaux d'agression. Globalement, l'agression est un comportement visant à infliger un dommage à un autre organisme vivant sachant que, ce dernier ne souhaite pas le subir. Nous distinguons deux niveaux d'agression

1) *L'agression courante à légère*, elle peut être longue en durée, de quelques minutes à plusieurs mois, elle englobe les situations d'attente en tension, avant une épreuve physique ou intellectuelle (examens, compétitions…) ; les problèmes familiaux, les confrontations avec l'autorité, les conflits au travail. Elle peut aboutir à une inhibition de l'action socioculturelle, en cas d'impossibilité de faire face par la fuite ou la lutte.

2) *L'agression forte à aiguë*, elle est souvent physique et mentale, mais elle peut être seulement mentale, souvent très courte dans le temps, intensive, menaçant l'intégrité physique de l'agressé, non souhaitée par lui et impliquant si besoin le combat défensif pour s'échapper. Elle peut aboutir à une inhibition de l'action biologique devant un danger grave, par saturation des structures nerveuses, par déficit informationnel, ou saturation informationnelle (afflux d'informations ne pouvant être traité).

Les différents types ou comportements d'agressivité conduisent en général à une agression, sans pour autant que celle-ci soit violente.

L'agressivité.

Il n'existe pas une agressivité, mais plusieurs comportements agressifs avec des mécanismes très différents. Tout au long de sa vie, l'homme sera confronté à l'agressivité de ses semblables et de son environnement, une question se pose alors ; comment y faire face et comment réagir ? L'objet même de ce livre est de répondre à cette question essentielle, mais avant une autre question se pose, l'agressivité des humains est-elle innée ; c'est-à-dire inscrite dans nos gènes ou acquise ; c'est-à-dire apprise par notre socio culture, naissons-nous violents ou le devenons-nous ? Beaucoup de chercheurs ont travaillé sur cette question et celle-ci reste encore en suspens, plusieurs d'entre eux ont retenu notre attention et nous avons cherché à vérifier sur le terrain leurs théories :

La première théorie que nous avons retenue, a été développée par le psychosociologue Gaston BOUTHOUL[20]- fondateur de la polémologie, la sociologie de la guerre. Dans son traité de polémologie, il défend la thèse selon laquelle l'homme est **agressif par frustration**. Lorsqu'un obstacle l'empêche d'obtenir une satisfaction ou d'arriver à un but fixé, la frustration va alors s'exprimer sous forme d'agressivité contre l'auteur supposé de cette frustration et si cela s'avère impossible ; car le risque est alors trop grand, (risque de problèmes avec sa hiérarchie ou avec la justice), il déchargera alors son agressivité sur un dominé de son entourage. G. BOUTHOUL prend l'exemple de l'individu brimé par son supérieur au

---

20 Sociologue français et docteur en droit, fondateur de la polémologie (étude de la guerre et des formes d'agressivité)

travail, qui frustré, déchargera son agressivité contre sa femme, lorsqu'il sera rentré à la maison. Un cas typique d'agressivité déviée ou détournée, que notre expérience des violences conjugales ne peut que confirmer.

Une autre hypothèse formulée par G. BOUTHOUL, est que l'homme **serait hétérophobe**, c'est-à-dire, qu'il craint ceux qui sont différents de lui et va donc diriger vers eux une agressivité plus ou moins importante. Pour vérifier cette théorie nul besoin d'être un expérimentateur confirmé, il suffit de prendre les transports en commun et d'observer le comportement des « braves gens, » envers ceux que notre socio culture nous présente comme étant différents, le résultat est édifiant.

La deuxième théorie que nous avons retenue et chercher à vérifier est celle d'Henri LABORIT, pour celui-ci, il existe deux types d'agressivité, **l'une innée et l'autre acquise ou socioculturelle.**

Agressivités innées.

Il s'agit d'agressivités transmises par les gènes et présentes chez tous les animaux. L'homme est un animal ne l'oublions pas, mais son cerveau, son langage et sa socio culture ont modifié son agressivité.

La première des agressivités innées est l'agressivité prédatrice, c'est-à-dire visant à maintenir la structure biologique de l'agresseur. La faim, la soif et l'accouplement, peuvent mener à ce type d'agressivité. La lionne qui agresse une gazelle pour se nourrir, n'a rien contre cette gazelle, mais elle a besoin de se nourrir pour continuer à vivre et perpétuer son espèce, pour autant après son repas, elle pourra très bien aller boire avec d'autres gazelles, sans les agresser. Il n'y a dans son comportement, ni haine, ni méchanceté, pas plus qu'il n'y a de haine, chez la ménagère qui va chez le boucher, pour acheter un morceau de bœuf, afin de nourrir sa famille. Suite à nos relevés ethnographiques dans les transports en commun de la région parisienne, nous avons observé, quelquefois sur des journées entières, le comportement de prédateurs humains, qui nous semblent très clairement agir par pulsions sexuelles, qui sont, comme chacun sait innées et hormonales et en principe de l'homme sur la femme. Nous avons constaté, que lorsque la pulsion est assouvie, le prédateur peut parfaitement continuer son voyage en compagnie d'autres femmes, sans pour autant avoir un seul regard envers elles.

La deuxième des agressivités innées est l'agressivité défensive, elle est activée, lors d'une attaque alors que la fuite est impossible, et a pour objet de protéger sa structure biologique. Elle est souvent déclenchée par la peur, elle ne nécessite pas forcément un combat. L'intimidation joue un rôle important pour dissuader l'agresseur d'aller plus loin. La douleur, qu'elle soit physique ou psychologique, est également un déclencheur de l'agressivité défensive, toutefois, il faut remarquer que l'agressivité défensive n'est pas totalement innée car, pour avoir peur ou (et) éprouver de la douleur, il faut passer par l'apprentissage, donc par la mémoire à long terme et le système limbique.

L'agressivité défensive est donc innée à la base et acquise en son sommet. Il faut remarquer que lorsque la fuite et la lutte sont impossibles, l'agressivité défensive, peut se détourner contre une tierce personne (femme, enfants….) ou contre un objet (coups de poing dans un mur, un vase casé etc..) mais également contre l'auteur lui même (suicide) et nous rejoignons la théorie de G.Bouthoul, sur la frustration et ses conséquences, elle est alors appelée agressivité d'angoisse ou d'irritabilité.

Nous ne pouvons parler de l'agressivité défensive, sans parler de la défense de la progéniture, chez l'humain, comme chez les mammifères en général, elle incombe très souvent à la femme. Elle intervient, pour des raisons parfaitement compréhensibles, lorsqu'il s'agit de sa propre progéniture, pourtant cette protection semble s'étendre à l'espèce entière.

En effet, une femme fera face au danger afin de protéger un enfant, l'instinct maternel est sans doute l'un de plus puissant qui soit. L'on peut raisonnablement penser, que cet instinct a été renforcé depuis le paléolithique, où il revenait aux femmes la défense de la famille et du foyer en l'absence des hommes partis à la chasse. À notre époque une femme, même sous l'emprise d'une manipulation mentale, visant à lui faire croire qu'elle n'est qu'une « faible femme », interviendra plus souvent qu'un homme, pour porter secours lors d'une agression. Le but d'un bon système de self-défense ou de défense personnelle, est d'utiliser ce comportement qu'est l'agressivité défensive, cet enchevêtrement biologique et socioculturel, est propice à l'apprentissage, sous réserve que l'on fasse intervenir en priorité, des techniques simples, facilement reproductibles sous stress intense.

Agressivités acquises ou socioculturelles.

L'agressivité de compétition :

La première des agressivités acquises ou socioculturelles est sans aucun doute, l'agressivité de compétition. Elle se manifeste lorsque deux individus, entrent en compétition, pour une personne ou une chose dont ils ont envie (objets..).

L'agressivité inter mâle :

Elle repose essentiellement sur les pulsions sexuelles « l'instinct sexuel. » Si LABORIT ne classe pas l'agressivité inter mâle, dans les formes d'agression innées, c'est qu'il pense qu'elle repose sur l'agression de compétition, donc la convoitise d'un être désiré par soi et par une personne. Chez les animaux, cela donne lieu à de durs combats rituels afin de déterminer le plus fort. Chez les humains, le combat physique est encore quelquefois d'actualité, mais très souvent limité, par des règles de la socio culture (la loi, les religions..).

La défense du territoire ou du patrimoine :

Elle repose également sur l'agression de compétition, le territoire en lui-même ne signifie rien, l'important est les objets gratifiants qui y sont attachés. Pour autant, le territoire peut être gratifiant en lui-même, si une valeur y est associée, cette valeur pouvant être matérielle (maison...) ou sentimentale. La défense du territoire est très ancrée dans nos sociétés, depuis plus de 10 000 ans, il existe un vrai instinct de compétition, pour la défense des biens sur le territoire. Chez les jeunes enfants, la place auprès de la mère est très importante, un enfant d'un an dispose déjà de son territoire et d'un objet gratifiant sur celui-ci : sa mère. L'approche d'un autre enfant sur le territoire, entraîne automatiquement une agression, plus ou moins violente envers l'intrus. La loi, elle-même, autorise la légitime défense lors d'une intrusion sur un territoire donné. La défense du territoire est tellement ancrée dans notre culture, qu'elle influence directement notre énergie et notre capacité de combat. Nous pouvons en effet constater que l'individu qui défend son territoire est transcendé, par contre il est clairement démontré que l'éloignement du territoire, diminue très fortement la combativité.

Agressivité d'angoisse.

Comme nous venons de le voir, elle apparaît au moment où devant l'agression d'une personne ou de son environnement, il est impossible de lutter ou de fuir, elle nous conduit directement à l'inhibition de l'action et ses conséquences neurophysiologiques.

La violence.

Nous avons parlé des différents types d'agressivité, mais qu'en est-il de la violence ? Nous définissons la violence comme un comportement agressif, c'est-à-dire l'action et la réaction dans une situation donnée. Ainsi dans le cadre d'une action d'agressivité défensive, nous apprécierons le degré de violence de l'agression, à l'action de l'attaquant et à la riposte du défendant. L'amplitude des mouvements, les modifications physiologiques, (pâleur, rougeur de la peau) l'expression verbale et langagière (cris, insultes, menaces), l'environnement sonore (casse d'objet) a une incidence particulière, sur le degré de violence apprécié lors d'une confrontation.

L'intensité du combat, donne un niveau de violence, qui est subjectif, puisqu'il est soumis au passé, à l'expérience et à la culture de chacun des observants. Nous remarquons également, que le degré de violence est différent en fonction de la position dans l'action (dans l'espace), que l'on soit regardant ou regardé. Les participants directs de la confrontation n'auront pas la même vision, que ceux qui regardent et cette vision sera encore modifiée, en fonction de l'intensité d'action des deux acteurs. Les regardants (témoins) eux, auront une vision parcellaire de la situation, en fonction de leur position dans l'espace, leur expérience de ce genre de situation, leur culture ..... Lors d'une confrontation violente devant 10 témoins, chacun donnera sa version de l'événement et il est probable que 10 versions différentes seront exposées, chacun pourtant certain de dire la vérité, et il est probable que chacun la dit.

En physique, et plus particulièrement en mécanique quantique,[21] ce principe est connu sous le nom de : « Théorème d'indétermination ». La violence est donc une affaire personnelle, propre à chacun d'entre nous, en fonction de notre positionnement par rapport à l'agression, des acquis de notre socio culture, et de notre époque. Ce que certains qualifient de violence aujourd'hui, est toujours le résultat de limites inventées par notre espace moral contemporain, ou le corps de l'Homme, est au centre de la vie. Dans le livre : « Les constructions de l'intolérable[22] » Didier FASSIN anthropologue ; directeur du centre de recherche sur les enjeux contemporains en santé publique et Patrice BOURDELAIS historien ; tous deux directeurs d'études à l'école des hautes études en sciences sociales écrivent :« *C'est dire que ce rapport au corps et à son intégrité, qui fonde les intolérables contemporains, a une histoire. Il suffirait pour s'en convaincre à la lumière d'une scène souvent commentée, de constater l'écart entre la liesse des foules spectatrices de mises à mort en place de Grève et le frisson horrifié du lecteur du supplice de Damiens aujourd'hui. Pour comprendre*

---

21 Branche de la physique qui a pour but de décrire les phénomènes fondamentaux à l'échelle atomique et sub-atomique.
22 Éditions la découverte.

cette modification de notre regard, il est possible de faire appel à deux types de transformation tout à la fois historiques et anthropologiques survenues dans les sociétés modernes : d'une part, un changement des valeurs ; d'autre part, une évolution des sensibilités. Ces deux phénomènes, inscrits dans la longue durée, s'accélèrent cependant à partir du XVIII siècle et se poursuivent jusque dans la période actuelle ». Il n'en demeure pas moins que la violence est une expérience traumatisante pour la plupart de nos contemporains de nature à bouleverser une vie, l'impact sur le psychisme d'un humain peut être considérable si celui-ci n'est pas préparé à absorber cette émotion. Cet impact sera d'autant plus grand, s'il y a inhibition de l'action (soumission) et si celle-ci est obtenue par déficit informationnel, c'est-à-dire par ignorance d'une conduite à tenir.

La peur.

La peur est une émotion qui, dans notre socio culture a mauvaise presse, pourtant cette émotion, est sans doute à l'origine de la sauvegarde de notre espèce ; elle varie en fonction des individus et des cultures. La peur est une émotion naturelle, forte et intense, qui survient lors de la présence d'un danger. Elle intervient, par une activation de l'amygdale,[23] -située au niveau des lobes temporaux (système limbique), elle prépare le corps à l'action, par l'activation du système nerveux sympathique, qui permettra la libération des neurotransmetteurs, comme l'adrénaline et la noradrénaline, poussant à la fuite ou à la lutte. L'amygdale, véritable radar émotionnel, capte toutes les sources sensorielles, (auditives, tactiles, visuelles,

---

23 Très impliquée dans les émotions et notamment la peur

olfactives...) et permet ainsi la mise en route des systèmes de protection. L'on sait également, que la sécrétion d'adrénaline favorise la mémorisation des actions émotives activées par l'amygdale, ainsi, si un individu court vers vous et vous agresse, la peur se réactivera automatiquement, lorsqu'un individu courra face à vous dans les mêmes conditions même si, celui-ci ne vous agresse pas. Par ailleurs, lorsque vous passerez à l'endroit de votre agression, il est possible que vous ressentiez un malaise. Les émotions sont stockées dans l'amygdale et dans l'hippocampe,[24] -chargés respectivement d'une partie des mémoires implicites et explicites, tout se passe alors comme si l'adrénaline favorisait le stockage des informations. La peur est-elle innée ou acquise ? L'observation des bébés humains, montre que nous sommes disposés à avoir peur de certains animaux ou dans certaines situations qui se sont avérées dangereuses pour notre espèce. Pour autant, un bébé à qui l'on montre un serpent en aquarium n'aura pas peur, mais si celui-ci voit un film ou assiste à une scène ou un adulte a peur des serpents, alors ceux-ci seront très rapidement pour lui, un sujet de terreur. La même expérience faite avec des petits poissons, ne produit aucune réaction du bébé. Nous pouvons sans doute en conclure que nos ancêtres nous ont transmis génétiquement la peur des animaux dangereux et des situations à risque mais, que celles-ci ne s'activent qu'avec un minimum d'apprentissage.

---

[24] Joue un rôle très important dans la mémoire

Chapitre V.

L'inhibition de l'action.

Fin des années 1970, le professeur Henri LABORIT, chirurgien, biologiste de renommée mondiale, inventeur des neuroleptiques, fit une découverte d'importance alors qu'il continue ses expérimentations sur le choc et le stress. LABORIT, en observant des mammifères, remarque que lorsque ceux-ci sont dans une situation désagréable où ni la fuite, ni la lutte ne sont possibles ils disposent d'une attitude naturelle de défense, consistant à s'immobiliser afin de tromper un éventuel prédateur en se confondant avec l'environnement, tel est le cas par exemple du mulot en plein champs, qui veut échapper à un rapace.

LABORIT, constate également que les mammifères exposés trop souvent à ce type de défense, développent des maladies que l'on ne croyaient réservées qu'aux humains.

« *On a coutume de réunir, sous le terme de maladies psychosomatiques, certaines affections dont les plus connues sont l'asthme, l'hypertension artérielle, l'infarctus du myocarde, certaines dermatoses, l'ulcère d'estomac, l'arthrite rhumatoïde et la colite ulcéreuse. Et puis on ajoute à cette liste le diabète, l'anorexie nerveuse, l'obésité, la thrombose, le torticolis et la crampe des écrivains et cela sans définition bien précise. Cependant, ce qui est sûr, c'est que toutes ces maladies mettent en jeu le système inhibiteur de l'action* ».

LABORIT, étudie alors les voies nerveuses responsables et met en évidence un faisceau nerveux qu'il nommera S.I.A ou Système Inhibiteur de l'Action.

Nous distinguons deux types d'inhibitions de l'action.

1) Le système d'inhibition de l'action biologique, issue de l'évolution des espèces et visant à empêcher toute action inutile qui pourrait aggraver une situation, par exemple, le cas d'un rongeur en plein champ menacé par un rapace. Le S.I.A biologique entraîne un état de peur, stupeur et de prostration, devant un danger d'une extrême violence à venir ou en cours.

2) Le système d'inhibition de l'action (S.I.A) socioculturel, celui-ci est activé, lorsque notre nature, s'oppose à notre culture, mais pour une meilleure compréhension prenons deux exemples :

> Marie est une jeune femme de 30 ans, mariée depuis 8 ans, deux enfants, un appartement à crédit dans une banlieue plutôt tranquille de la région parisienne. Marie est femme au foyer, elle dépend financièrement de son mari. Depuis deux ans, Marie est angoissée. Son mari, pourtant si gentil les premières années de leur vie de couple, est devenu, au fil des ans, très violent. L'année dernière, pour la première fois il l'a violentée. Depuis, elle est frappée et régulièrement humiliée devant ses enfants. Les soirées ne sont que cris, pleurs, et souffrance. Régulièrement au cours de la journée, Marie ressent une boule dans son ventre en pensant à la soirée qui s'annonce, elle ne mange plus, dort difficilement. Souvent, lorsque cette boule d'angoisse tiraille son ventre, elle pense

s'enfuir, mais pour aller où ? Avec quel argent ? Et puis elle n'a jamais travaillé, elle ne sait rien faire et puis, que vont dire les voisins et sa famille ? Et les enfants ? Ils ont leur chez eux, leurs chambres, l'école…… ; non impossible de partir et puis la situation va s'arranger, au début il n'était pas comme ça, il va redevenir comme avant. Quelquefois lorsque Marie est battue, elle a envie de se défendre, riposter, frapper, prendre une chaise, un couteau, mais bien vite elle se ressaisit, elle ne peut affronter physiquement un homme, depuis qu'elle est petite, elle a entendu dire et répéter que l'homme était le plus fort et qu'elle était une faible femme, alors lutter serait vain et cela ne ferait qu'augmenter la fureur de son bourreau.

Les mois et les années passant dans la souffrance, Marie apprendra un jour par son médecin, qu'elle est atteinte d'un cancer. La médecine prendra bien soin d'elle et pourra peut-être même arriver à la guérir de sa terrible maladie, mais personne ne lui dira que la cause de cette maladie est dans l'inhibition de l'action, et qu'elle se serait épargnée bien des souffrances si, elle avait fui ou lutté.

> ➢ Amine à 26 ans, il est célibataire et vit chez ses parents. Amine travaille comme informaticien dans une grande entreprise depuis 5ans. Depuis plusieurs mois, il a changé d'équipe. Son nouveau chef est agressif et n'hésite pas à se moquer ouvertement des membres de l'équipe en cas d'erreurs. Il instaure un climat basé, sur la compétition entre les membres, une certaine tension s'est installée. Depuis quelques semaines, son chef est de plus en plus agressif,

n'hésitant pas à prendre à partie Amine à la moindre erreur, au moindre écart, dans les procédures. Le climat au travail est invivable. Amine n'est plus motivé et se pose des questions sur son avenir. Il a bien pensé partir, mais trouver du travail est difficile, il n'oublie pas non plus que ses parents vivent avec son salaire, parfois, lorsque son chef l'interpelle devant tout le monde, son sang ne fait qu'un tour et l'envie de lui envoyer son poing dans la figure lui traverse l'esprit, mais bien vite, il en pèse les conséquences ; un renvoi pour faute et des problèmes avec la justice, alors Amine subit sans rien dire.

Les mois passent ainsi, un jour, une douleur aiguë au ventre l'obligera à consulter un médecin qui diagnostiquera un ulcère à l'estomac. Celui-ci sera bien évidemment soigné, pourtant, personne ne se posera la question de savoir pourquoi cet ulcère est apparu, en cherchant un peu, il serait pourtant facile de découvrir qu'Amine a été victime d'inhibition d'action.

Globalement, devant un danger ou une situation désagréable, l'homme est programmé naturellement, déjà pour fuir et ensuite, mais ensuite seulement, pour lutter. Lorsque la fuite ou la lutte s'avère positive le problème ne se pose pas, mais lorsque ni l'une, ni l'autre, ne sont possibles, alors se déclenche le S.I.A. (Système inhibiteur de l'action).

En général, le S.I.A s'active lorsque notre nature (fuite ou lutte) s'oppose à notre culture (règles de vie, socio culture, lois..). Lors de l'apparition répétée du S.I.A, le corps produit des glucocorticoïdes (cortisone) qui vont affaiblir ou détruire le système immunitaire à long terme, permettant ainsi, à bon nombre de maladies de se développer. Et LABORIT d'ajouter :

« *Il paraît évident que pour faire une infection ou une tumeur cancéreuse, il ne suffit pas d'un contact avec un microbe ou un virus, ou un irritant local subi de manière intense. On a trop focalisé sur le microbe, sur le virus ou le toxique cancérigène et pas assez sur le sujet, son histoire passée et présente, ses rapports avec son environnement (familial, professionnel). Les toxiques eux-mêmes doivent sans doute présenter une toxicité variable suivant le contexte et le statut social de l'individu qu'ils atteignent* ».

Dans le cas de Marie, femme battue, celle-ci voudrait pouvoir fuir (quitter sa maison) ou lutter (se battre contre celui qui la maltraite, au moins riposter, ne pas subir sans rien faire) donc satisfaire sa nature, mais sa culture s'y oppose (que vont penser les voisins, la famille, comment vont le prendre les enfants, je ne sais rien faire etc....)Autant d'arguments interdisant la fuite, (il est bien plus fort que moi, si je résiste cela va encore le rendre plus violent) autant d'arguments interdisant la lutte, donc devant ce blocage en souffrance, Marie entre en inhibition d'action avec les conséquences à plus ou moins long terme sur sa santé.

Dans le cas d'Amine, celui-ci voudrait pouvoir fuir en quittant son emploi mais, trouver du travail est difficile, lorsqu'il est agressé par son chef, il a quelquefois des bouffées de rage, il aimerait l'envoyer balader ou lui coller un bon coup-de-poing sur le nez, mais la lutte lui est interdite, car rapidement, il sait que la sanction risque de tomber. La loi veille, alors Amine va prendre sur lui et supporter les brimades, les mises en compétition forcée, il va subir et entrer en inhibition d'action, avec les conséquences prévisibles sur sa santé. Pour Marie et Amine, dès l'agression, le cerveau reptilien commencera son travail de préservation, en proposant la fuite. Si celle-ci s'avère impossible, il proposera la lutte contre l'agresseur, mais le système limbique, peut s'y opposer au moins pour un temps, en mettant en évidence les risques, les dangers, les lois apprises. Le néocortex fournira alors toutes les excuses nécessaires, pour faire accepter cette situation, apparaîtra alors l'inhibition de l'action, l'opposition de l'inné et de l'acquis, de la nature et de la culture.

La situation pourtant peut encore s'aggraver, bientôt il ne sera plus nécessaire de subir une véritable agression pour entrer en tension et déclencher le mécanisme du SIA. Marie sera prise d'angoisse au milieu de la journée en l'absence de son mari et Amine le dimanche après midi sera angoissé à l'idée de retrouver son chef le lendemain matin. Le système limbique fournira au néocortex, la matière nécessaire pour imaginer des situations avant qu'elles ne se produisent, peut être même, ne se produiront-elles jamais, mais peut importe ! pour le cerveau reptilien, incapable de faire la distinction entre l'imaginaire et le réel, elles sont autant d'agressions auxquelles il faut répondre. Alors, lorsque cette situation sera devenue insupportable, Marie ou Amine chercheront à soulager leur douleur psychologique - au moins provisoirement le croient-ils- dans l'alcool ou les drogues, mais aussi plus simplement dans la nourriture. Il est possible pourtant qu'un jour, la douleur devenant insupportable, le cerveau reptilien finisse par prendre le dessus et que la fuite finisse par l'emporter, tragiquement et définitivement dans le suicide ou par la lutte et l'anéantissement de l'agresseur.

Anthropologie du combat

Le syndrome général d'adaptation (ou stress).

À bien des égards, l'inhibition de l'action s'apparente au stress, les mécanismes sont parfaitement identiques et nous verrons que le Syndrome Général d'adaptation développé par le chercheur canadien Hans SELYE[25] complète le Système Inhibiteur de l'action de LABORIT. Le mot » stress » est apparu dans les années 1940, pour la première fois dans l'industrie, plus particulièrement en mécanique et en physique pour indiquer les tensions sur les éléments. Fin des années 1930, Hans SELYE l'utilise en médecine et lui donne la connotation populaire que nous lui connaissons actuellement. Celui-ci considère le stress comme étant une réaction de l'organisme, à toute demande qui lui est adressée, il considère le stress comme pouvant être positive ou négative et présente le S.G.A comme étant l'ensemble des réactions de défense de l'organisme propre à chaque individu.

Trois grandes phases composent le Syndrome Général d'adaptation (S.G.A) :

1) *La phase ou réaction d'alarme* : phase d'alerte aiguë instantanée, en réponse à une agression, l'organisme va tout faire pour s'adapter à la situation. Si l'agression ne conduit pas à la mort de l'agressé, celui-ci va mettre en route des moyens de défenses actifs. Après une baisse de résistance de l'organisme, de quelques secondes dues à la surprise de l'agression, la réponse neurovégétative, par activation du système nerveux sympathique ou orthosympathique est activée, l'adrénaline et la noradrénaline sont

---

[25] Né le 16 janvier 1907 décédé le 16 octobre 1982, docteur en médecine, il est inventeur de la théorie du stress.

sécrétées, l'organisme est prêt à la fuite ou à la lutte.

2) *La phase ou réaction de résistance_* : mise en action des mécanismes de défenses physiques, physiologiques et psychologiques de l'organisme, à ce stade, le « coping » c'est-à-dire la capacité à faire face va prendre toute son importance. Le « coping » va varier d'un individu à l'autre, en fonction de la personnalité de l'agressé, de son expérience de la situation vécue, de sa capacité physique et mentale à faire face et bien entendu, de l'intensité de l'agression, à ce stade la fuite où la lutte est engagée, l'action libératrice est enclenchée.

3) *La phase ou la réaction d'épuisement* : devant une situation stressante qui va durer dans le temps, le S.I.A (système d'inhibition de l'action (SIA) va entrer en action déclenchant le processus d'affaiblissement du système immunitaire, avec les conséquences déjà relatées (ulcère de l'estomac, problèmes cardiaques, cancers, dépression...).

Le syndrome général d'adaptation lors d'une agression physique.

Le chercheur américain Bruce SIDDLE publia, une étude remarquable intitulée : « Sharpening Warrior's Edge », qui est l'un des premiers textes à fournir une explication scientifique sur les réactions au stress dans des conditions de survie et sur les effets de l'adrénaline. Maintenant, nous savons que lors d'une agression, la charge émotionnelle peut être telle que la victime peut être plongée littéralement dans un état de stupeur, interdisant de sa part toute action défensive. Nous venons de voir que ce mécanisme naturel est une inhibition de l'action biologique, le rythme cardiaque peut passer, sous l'effet de l'adrénaline, de 70 BPM, qui est la moyenne chez un adulte au repos, à 220 BPM en un demi seconde, l'effet de stupeur est alors total. Nous verrons, dans la deuxième partie du livre, les méthodes visant à gérer au mieux cette situation, afin de rester dans la limite de la zone de combat qui se situe entre 115 et 145 BPM.

Le coping et les stratégies d'actions.

Le « Coping » est la capacité à faire face pour résoudre un problème. Dans le cadre d'une agression, la stratégie de « Coping », consistera en la mise en œuvre des moyens physiques et physiologiques, afin de surmonter le déséquilibre engendré par cette agression et d'ajuster les réactions, par rapport aux problèmes posés. Le « coping » est une stratégie d'actions innées ou acquises.

Les réponses pouvant être données par un individu qui se croit agressé, sont très diverses et propres à chacun, mais la qualité des réponses peuvent être travaillées par l'entraînement et par la visualisation.

Nous pensons que certaines réponses innées peuvent rester cachées toute une vie si elles ne sont jamais sollicitées. Dans ce cas, l'entraînement sera une amorce permettant l'exploitation des qualités transmises par nos ancêtres ayant subi cette situation et trouvé une réponse. Si vous tombez à l'eau, la réponse sera une adaptation à cette situation en nageant, mais, si vous ne savez pas nager, vous allez vous noyer, pourtant il y a fort à parier que vos ancêtres vous ont transmis ce savoir. Comment expliquer que vous ne sachiez par le faire automatiquement ? simplement dans le besoin qu'ont certains de nos caractères innés, à être activés et entraînés à minima pour fonctionner. Une fois activés, vous savez et vous le faite sans même y penser. La marche debout est basée sur le même principe, vous avez appris à marcher, et depuis vous le faite sans hésiter, sans vous en rendre compte. Concernant le combat défensif de survie, nous sommes partis dans nos expérimentations sur le même principe et nous avons constaté des résultats similaires. Nous savons tous nous défendre contre des agresseurs, nos ancêtres nous ont transmis ce savoir, qui a permis leur survie en des temps bien plus hostiles, reste à comprendre les mécanismes d'activation, passant par le cerveau et le cervelet, mais aussi par la génétique et plus particulièrement .....

Anthropologie du combat

Chapitre VI.

Introduction à l'épigénétique.

Évoquer la génétique en des termes clairs et compréhensibles par tous n'est pas chose aisée, non qu'il soit difficile pour le lecteur de le comprendre, mais qu'il est souvent difficile, pour l'auteur de l'expliquer clairement.

Les scientifiques estiment que nous possédons environ 25 000 gènes, un gène est une séquence d'ADN[26]. Les 46 chromosomes contiennent nos gènes et sont les porteurs de l'information génétique grâce à l'ARN[27]. Nous appelons génotype d'un individu, la somme des gènes qu'il possède, celui-ci étant unique.

Les récentes recherches, en génétique, montrent l'importance de l'empreinte génomique,[28] - attestant ainsi que les gènes possèdent une mémoire qui, n'est pas seulement due à l'ADN. L'hérédité ne dépend pas seulement des gènes que l'on hérite, mais aussi de l'activation ou de l'inhibition de ses gènes. L'on peut comparer un gène à un interrupteur électrique, si le courant passe l'information est envoyée, si l'interrupteur est éteint l'information est bloquée. Le phénomène d'activation ou d'inhibition des gènes s'appelle L'EPIGENETIQUE.

---

[26] Acide désoxyribonucléique qui renferme l'ensemble des informations nécessaires au développement et au fonctionnement de l'organisme.
[27] Rôle essentiel en tant que messager de l'information génétique
[28] Est le processus biologique dans lequel un gène est marqué biochimiquement d'une information sur son origine parentale

La recherche biologique actuelle travaille, pour comprendre comment les interrupteurs sont inhibés ou activés. Nous savons maintenant, que certaines maladies viennent de l'inhibition de certains gènes et nous savons que l'environnement y contribue beaucoup. L'une des grandes découvertes de l'épigénétique a été de démontrer que, l'inhibition génétique peut se transmettre de génération en génération. Cela signifie que les gènes ne sont par verrouillés comme on le pensait, mais, qu'ils sont à la merci d'une modification environnementale intense et que ceux-ci peuvent être légués à nos descendants, sur plusieurs générations.

Cela signifie également, que certaines de nos expériences parmi les plus traumatisantes, peuvent être léguées à nos descendants ; des études montrent par exemple, que les enfants de parents ayant connus les camps de concentration souffrent des mêmes problèmes liés au stress, sans les avoir subis eux-mêmes. Les mêmes études montrent que les femmes américaines enceintes lors des événements du 11 septembre, ayant subie un stress important, ont accouché de bébés ayant des réactions anormales au stress avec des taux de cortisol élevés. En effet, lors d'un événement stressant le corps va produire des hormones afin d'aider l'individu à faire face. Le cortisol est une de ces puissantes hormones, si celui-ci est trop bas, la personne a beaucoup de mal à évacuer le stress et peut alors souffrir du trouble de stress post traumatique.

Une étude réalisée aux Pays-Bas, montre que la famine dont ont été victimes des grands-parents pendant la dernière guerre mondiale alors qu'ils étaient enfants, peut entraîner la mauvaise santé des petits enfants, par des maladies comme le diabète ou des maladies cardio-vasculaires.

Anthropologie du combat

Nous savons aussi qu'il est possible par une modification de l'alimentation d'activer ou de désactiver certains gènes.

Nous avons dit au chapitre précédent, que nous pensions que les gestes, les mouvements, mais aussi l'attitude mentale composant le combat défensif de survie, nous étaient transmis par nos ancêtres et nous avons émis l'hypothèse, que celui-ci, pouvait être réactivé par des exercices spécifiques. Nous pensons en effet - et notre travail de recherche porte en grande partie là-dessus - que des phénomènes épigénétiques, peuvent être à l'origine de l'incapacité pour l'humain d'utiliser son patrimoine génétique de combat de survie. La voie suivie depuis le néolithique, vise à désapprendre à l'humain à se battre pour sa survie, la création des spécialistes du combat (guerriers, soldats…), a conduit l'homme vers d'autres occupations qui lui ont fait oublier le combat de survie ; la situation s'est aggravée depuis les deux siècles derniers.

L'invention des armes de jet puis, des armes à feux, nous a désappris le combat au corps-à-corps et nous conduit tout droit vers l'oubli des mécanismes permettant à l'homo sapien de se défendre. Notre socio culture de dépendance, d'interdiction et de recherche du plaisir à tout prix, nous conduit à l'affaiblissement de l'espèce humaine. Cet acquis malheureux se transmet à la génération suivante et cet environnement favorise l'extinction, ou la neutralisation de certains gènes, chargés à l'origine d'assurer notre défense.

Malheureusement pour nous, la pratique des sports de combat codifiés et des arts martiaux n'est, visiblement pas de nature à permettre de faire sauter ces verrous. Dans le livre II de l'anthropologie du combat, nous reviendrons en détail sur les phénomènes épigénétiques et les liens avec la survie, nous analyserons les tests réalisés lors de nos expériences et ferons le point sur la façon de faire « sauter les verrous ».

Anthropologie du combat

Chapitre VII.

Manipulation mentale.

Mythes et réalité dans l'enseignement du combat.

> « L'analyse est un remède contre l'ignorance, mais elle est sans effet contre la connerie. »
>
> Jacques LACAN - psychiatre et psychanalyste.

Une manipulation mentale est, une action orchestrée par un individu ou un groupe d'individus, visant à prendre le contrôle de l'esprit et du comportement d'une personne ou d'un groupe. Lors de nos recherches sur l'agression et sur les capacités dont nous disposons pour y faire face, nous sommes bien obligés de remarquer qu'il existe toutes sortes de mythes entourant le sujet et que les manipulations mentales vont bon train. On nous affirme que pour savoir et pouvoir se défendre, il faut des capacités physiques importantes, qu'il est souhaitable de pratiquer un sport de combat ou un art martial pendant des années, que les femmes sont faibles et ne peuvent se défendre, que l'insécurité ne cesse d'augmenter ....

La manipulation mentale, contribue à l'affaiblissement des humains nous en sommes persuadés et la perte de confiance dont sont victimes certains de nos contemporains n'a rien d'un hasard, comme nous le verrons. Commençons donc par les mythes entourant la pratique des sports de combats, arts martiaux et système de self-défense. Pour illustrer notre propos nous vous proposons une histoire :

Anthropologie du combat

Il était une fois…… Dans une île paradisiaque, un roi qui voulut faire une surprise à son peuple, ayant appris par un voyageur qu'il existait sur le continent un animal superbe appelé éléphant, il décida d'en faire venir un afin de le monter et le présenter à son peuple lors d'une grande cérémonie.

On apporta l'éléphant dans une grande caisse, pour que personne ne puisse le voir avant la date de la cérémonie. On l'enferma dans le château et il fut gardé par un gardien aveugle, ainsi personne ne saurait avant la date fixée à quoi pouvait bien ressembler un éléphant.

Le peuple fut fort intrigué par cette nouvelle d'autant que, les énormes cris effrayants qui sortaient du château attisait la curiosité de tous, bientôt chacun y allait de sa vérité et les querelles commencèrent, chacun ayant sa théorie sur l'animal.

Pour calmer les esprits, un sage eut l'idée de demander à des aveugles de bien vouloir se rendre sur place et d'essayer de voir avec leurs mains ; après tout, ils sont habitués à cela et les gardes ne les empêcheront pas, puisqu'ils ne pourront pas voir, le secret sera toujours gardé.

Cinq aveugles parmi les plus habiles furent donc envoyés au contact de l'éléphant, le soir même ils se rendirent au château et après un long moment passé avec l'animal ils revinrent en ville fiers, car ils savaient eux ce que les autres ignoraient.

Rapidement ils furent assaillis de questions, le groupe désigna le plus ancien pour faire le portrait de l'animal.

« *Et bien dit l'ancien un éléphant est rond et rugueux comme le tronc d'un palmier* ».Les autres aveugles furent étonnés : « *Rond et rugueux, oui en effet, mais aussi énorme qu'une grosse barrique* » dit le second.

Mais pas du tout dit le troisième : « *Il est rond et long comme un tuyau, comme un serpent* ». C'est faux, totalement faux, s'indigna le quatrième pourquoi mentir comme cela : « *Un éléphant est un animal diabolique et très dangereux avec une tête ronde et une longue corne dessus* » le cinquième aveugle rit et dit :« *Bon assez plaisanté, un éléphant n'est pas cela du tout, il est plat comme une raie ou comme une feuille de bananier, voilà la vérité* ».
Et les cinq aveugles commencèrent à se disputer, puis à se battre, les gens de la ville se divisèrent en groupes, chacun défendant l'un des aveugles ... **et sa vérité**. Une bagarre générale éclata bientôt et le bruit fut tel que l'éléphant prit peur, s'enfuit dans la nuit noire et plongea dans un précipice. Il n'y avait donc plus de possibilité de vérifier de visu la vérité.
À dater de ce jour, dans cette île perdue dans les océans, il exista cinq groupes avec un maître à sa tête, **chacun affirmant détenir la vérité**. À la mort des maîtres, les disciples formèrent leurs propres groupes et c'est ainsi qu'il existe là-bas 700 maîtres d'éléphant, **chacun affirme connaître la vérité et affirment que les autres sont dans l'erreur.**

Cette petite histoire de sagesse orientale très connue s'applique à merveille au monde des arts martiaux et autres méthodes de combat. Le problème à notre époque, lorsque l'on veut apprendre à se défendre, (nous disons bien se défendre et non pas faire du sport) est qu'il faut appartenir à un groupe et choisir parmi les styles d'arts martiaux, sports de combat et système de self-défense. Choisir entre les maîtres et les experts, chacun vantant son style et ses techniques, avec une

Anthropologie du combat

très forte probabilité pour que, les styles et techniques ne soient qu'une gesticulation sans intérêt, pour le combat défensif de survie.

Il est également probable que les maîtres et les experts soient complètement ignorants des réalités de la rue et du mode de fonctionnement des prédateurs et agresseurs. La réalité de la rue n'a que très peu à voir avec la réalité des salles de sport et des dojos.

Le problème est de croire que naturellement nous ne pouvons pas nous défendre et qu'il faut absolument pratiquer un style d'art martial, un sport de combat ou de la self-défense, pour être capable de faire face à une agression.

La réalité est tout autre. La plupart du temps, nous possédons les capacités nécessaires pour nous défendre, mais nous ignorons comment les exploiter.(Ou comment les débloquer[29]). En théorie, les activités martiales, sportives et de self-défense, devraient permettre l'épanouissement de l'individu, cependant dans la réalité, il n'en est rien. La seule chose proposée, lorsque nous entrons dans un dojo ou une salle de sport, est d'entrer dans un style, d'apprendre des techniques, de passer des grades, d'acheter une tenue et bien sûr de payer sa cotisation -ce qui est la moindre des choses-. Bref, il faut que l'humain entre dans le style, alors que le style devrait s'adapter à l'humain et celui-ci, devrait trouver des formateurs capables de lui expliquer comment fonctionne son corps lorsqu'il a peur et prendre en compte sa personnalité n'hésitant pas, au besoin, à modifier styles et techniques pour les faire coller à la réalité de chacun.

---

[29] Voir épigénétique

Force est de constater que les arts martiaux et les systèmes de self-défense, sont devenus un business comme les autres, la logique du chiffre d'affaires primant sur le reste. L'objectif principal est de faire rester le pratiquant, d'où l'invention des grades et de techniques fantaisistes totalement inapplicables dans la réalité. Le marché est abreuvé de méthodes révolutionnaires censées être plus efficaces, les unes que les autres. Chacune comme il se doit, est issue d'un système de combat employé par des combattants, pendant une guerre. Les styles et les méthodes arrivent de tous les pays et en général, sont encore en activité, secrètement, dans les fameuses forces spéciales et sont bien sûr utilisés par des policiers d'élites.

Le discours commercial est bien rodé. Il est important de comprendre qu'en réalité, très peu « d'experts » ont une connaissance réelle des agressions et du combat de survie, très peu, ont assez d'expérience, pour avoir un regard critique sur les méthodes enseignées afin de pouvoir séparer mythe et réalité. Une femme battue est certainement plus confrontée à la réalité de la violence, que la plupart des hommes qui donnent des cours de défense. À l'origine, il est certain que les arts martiaux étaient destinés à la guerre, les soldats de l'époque, codifiant certaines techniques pour être efficace au combat. Cependant, nous pouvons dire sans grand risque de nous tromper, que les techniques en question étaient peu nombreuses, simple à l'apprentissage et à l'application. La transformation des arts martiaux en sports de combat et, en système de self-défense, eu pour conséquence d'augmenter le nombre de techniques et de complexifier les systèmes, nuisant très fortement à l'efficacité.

Anthropologie du combat

La plupart des méthodes de combat, qu'elles soient arts martiaux, de self défenses, ou sports, ont leurs maîtres, experts, champions, disciples, elles reproduisent à merveille le schéma de notre société de consommation avec son système hiérarchique. Dans la société, on est ouvrier, technicien, ingénieur, directeur, fonctionnaire etc. Au dojo ou à la salle de sport, on est ceinture blanche, rouge, noire, deux ou cinquième Dan, champion régional ou national .... Le système hiérarchique établi ne vise pas l'épanouissement de l'individu, il ne sert qu'à établir une dominance paternaliste de type psycho familiale envers les grades inférieurs et de l'infantilisme à l'égard de ceux, gradés, ou maîtres, que l'on considère comme supérieurs. Certaines écoles, certains styles, mais en général, tous ceux qui veulent adhérer aux règles émises par la société, doivent se conformer à des critères d'organisation et de hiérarchie draconiennes calquées sur les organisations de type militaire, policier ..... . D'autres organisations, ont choisi un fonctionnement de type religieux ou sectaire, le gourou, le grand maître, ou le « sensei[30] » règnent alors, sans partage sur ses disciples.

Quel que soit le mode de fonctionnement de ses structures, elles ont en commun et ne doivent leur solidité, qu'au fait que l'on inculque à tous les membres du système : et quel que soit son grade et son niveau dans la hiérarchie, qu'il fait partie d'une sorte d'élite, différente par ses techniques et ses méthodes de combats à toutes les autres. Le mensonge est certain, mais la gratification obtenue par le pratiquant est tellement grande, qu'il y adhère totalement. La tenue,

---

30 Celui qui sait, qui a l'expérience du savoir, d'une technique par exemple.

l'esprit de groupe, les rites, les coutumes ancestrales véritables ou inventées, font adhérer le pratiquant à cette soi-disant élite et du coup, lui font accepter son aliénation totale au système, sans vraiment se poser de questions.

Dans ses conditions, il est compréhensible que les techniques les plus idiotes, les plus farfelues et malheureusement, les plus dangereuses pour le pratiquant, soient adoptées sans hésitation. L'application du « règlement de manœuvre » est d'ailleurs obligatoire pour celui qui désire monter dans la hiérarchie et obtenir encore plus de gratification. Pour s'en convaincre, il suffit de demander à la ceinture blanche son objectif, celui-ci répondra sans doute qu'il désire obtenir la ceinture noire, comme dans l'armée le caporal veut finir sergent ou capitaine. Or le « règlement de manœuvre » n'a qu'un but, protéger le système économique et hiérarchique de celui qui l'établit.

Dans ses conditions, quelle est la place de l'individu dans ses structures préfabriquées, quelle place est laissée à son imagination, à sa recherche, à ses capacités, bref à son épanouissement personnel. Malheureusement, les arts martiaux, les sports de combats, et autres systèmes de self-défense, ne se préoccupent pas plus de l'épanouissement de leurs adhérents que les centres commerciaux ne se préoccupent de celui de leurs clients. Les systèmes marchants ont leur réalité, voilà sans doute pourquoi certains systèmes de combat, prétendent être basés sur la réalité, en ce sens ils ont raison, mais la réalité d'un combat de rue qui engage la survie de l'individu, n'est pas la réalité d'un système marchant destiné au commerce et à la consommation.

Anthropologie du combat

Il n'y a pourtant rien d'honteux à gagner sa vie en enseignant un art martial, un sport de combat, ou un système de self-défense, nous connaissons des professeurs particulièrement honnêtes et compétents. Ceux-ci ont cependant tous en commun une âme de chercheur, ils sont ingénieurs, inventeurs, créateurs et ont l'honnêteté de poser les limites de leurs enseignements. Ils savent et disent à leurs élèves, qu'à l'extérieur des dojos et des salles de sports, existe une autre réalité de la vie, un autre combat combien plus âpre, plus difficile et bien plus dangereux.

Nous estimons qu'en moyenne, dans un style de combat ou de défense, seulement 10 % des techniques sont réellement efficaces pour le combat défensif de survie, le reste étant commercial et destiné à faire « rester le client » : Ne voit-on pas arriver dans les dojos des cours de fitness ?

Le problème des techniques fantaisistes ne serait sans doute pas grave, voire bénéfique, si elles ne servaient qu'à faire du sport : après tout le corps a besoin d'action ! Mais le problème est que l'accumulation de techniques fantaisistes, va nuire sérieusement à l'efficacité du pratiquant lorsque celui-ci sera confronté à une agression réelle. La montée des catécholamines semant la confusion dans son cerveau, il risque d'hésiter au dernier moment. La loi de HICK[31], les travaux sur le stress et l'adrénaline de Bruce SIDDLE, montrent très clairement qu'apprendre des techniques en trop grand nombre, augmente le temps de réaction en cas de problème de 30 à 50 %. Les techniques demandant une action fine, comme les clefs et autres torsions de doigts

---

[31] Est un modèle qui décrit le temps qu'il faut à un utilisateur pour prendre une décision en fonction du nombre de choix à sa disposition

seront oubliées. En réalité, pour se protéger, il faut très peu de techniques et celles-ci doivent en priorité faire appel aux grandes masses musculaires, sans exiger d'habileté motrice. Dans le cas d'une agression, une inhibition d'action (incapacité d'agir) peut intervenir dans deux cas : soit par déficit informationnel (ne pas savoir quoi faire) soit par surplus informationnel (ne pas savoir quelle information choisir). En combat défensif de survie, il n'y a qu'une vérité, ne jamais déléguer sa vie à personne. Soyez votre propre expert, faites la différence entre ce que vous voyez et ce que vous imaginez. Si votre « maître », vous enseigne une technique qui marchait il y a 500 ans sur les champs de bataille et que celle-ci vous paraisse absurde ou, totalement en dehors de votre réalité, alors faite confiance à votre instinct, n'insistez pas ! Le combat défensif de survie, ne s'apprend pas dans les livres, les DVD, où tranquillement dans une salle de sport bien douillette, la violence de la rue n'est pas transposable en dehors de la rue elle-même. Dans le combat au corps-à-corps, la technologie ne peut vous être d'aucune aide, les gadgets électriques et autre bombes incapacitantes, ne servent à rien devant un prédateur qui attaque par surprise, les inventeurs de gadgets oublient trop souvent, que l'objet est utilisé par un humain avec des contraintes biologiques impossibles à ignorer.

Anthropologie du combat

Les femmes et le combat.

> « *Il est certain qu'une société honorant le mythe du héros vainqueur et violeur ne laisse pas une part très honorable à la femme.* »
>
> Henri LABORIT – *la colombe assassinée.*

Un autre mythe solide et encré dans nos cerveaux depuis des milliers d'années est, l'incapacité des femmes à combattre pour se défendre. Le mythe de la « faible femme » se propage de siècle en siècle. Il est tellement répandu que les femmes elles-mêmes y adhèrent, nous pouvons dire que cette contre-vérité à créer des générations de femmes dominées et soumises, persuadées, dès le plus jeune âge, qu'elles sont inférieures physiquement aux hommes et que devant une agression physique, elles ne doivent leurs saluts qu'à la présence à leur côté d'un mâle chargé de les protéger. Pour comprendre cette imposture, revenons à nos origines. Il y a 10 000 ans environ, le chasseur cueilleur, propriétaire de la planète décidait de s'arrêter. Apparaissait alors la période néolithique, l'apparition des huttes groupées qui devinrent villages, puis villes, l'apparition de l'agriculture et de l'élevage. Cette sédentarisation allait entraîner les hommes vers un avenir incertain. Dans cette aventure, l'homme entraîna celle qui était sa compagne, la mère de ses enfants, mais aussi une redoutable et farouche combattante, gardienne de l'avenir du groupe. Pendant la période paléolithique, les femmes étaient intégrées aux activités de chasse ou de défense des camps afin d'assurer la survie du groupe, leur endurance physique (qui est une réalité biologique) complétait alors le manque de force brute.

Pendant des milliers d'années il en fut ainsi, sauf bien entendu pendant les grossesses, qui pendant cette période préhistorique n'étaient pas très nombreuses. Une étude du CNRS[32] réalisée par deux chercheurs montre très clairement la survenue d'un baby boum à la période néolithique au moment où les hommes devinrent sédentaires. Selon deux anthropologues démographes, Jean-Pierre BOCQUET-APPEL, directeur de recherche au laboratoire CNRS « Dynamique de l'évolution humaine : individus, populations, espèces », et Stephan NAJI, étudiant en thèse à l'École des hautes études en sciences sociales (EHESS) : [33]

« *Lorsque les chasseurs collecteurs nomades se déplacent, les femmes portent les enfants, qui sont souvent en contact avec le sein maternel et peuvent téter à tout moment. Or l'allaitement retarde la reprise du cycle menstruel après la naissance d'un enfant. La fécondité des femmes nomades est donc plus faible. En revanche, chez les peuples sédentaires, les femmes posent leurs enfants et les allaitent moins longtemps. Leur fertilité est bien plus importante et peut atteindre huit à douze enfants en moyenne. Ceci expliquerait le baby-boom néolithique* ».[34]

L'apparition du patriarcat, pendant la période néolithique qui cantonne la femme dans un rôle secondaire, car non guerrier, amorce alors un sombre avenir. Cette invention sociale ; qui n'a depuis jamais cesser d'exister, entraîne et justifie encore bien des violences et injustices envers les femmes de tous les

---

32 Centre National de Recherches Scientifiques
33 Ecole des Hautes Etudes en Sciences Sociales
34 Journal du CNRS N° 194 mars 2006.

Anthropologie du combat

pays sans conditions d'appartenance ethnique.
Nous l'avons vu, depuis ses temps lointains, l'homme n'a jamais cessé de s'affaiblir mais, en prenant bien soin d'entraîner dans sa chute, celle qui est sa fidèle compagne depuis toujours.
Notre socio culture fait l'apologie de la faiblesse et de la dépendance envers le mâle dominant, qui lui-même, soumis à une hiérarchie dominante au travail ou dans la société, peut toujours régner en maître sur son univers familial. Les petites filles jouent à la poupée, les petits garçons à la guerre, ainsi va le monde, ainsi domine le mâle humain.
Dans un combat rituel avec règles, l'homme, par une masse musculaire et par une agressivité supérieure, est plus à même de l'emporter sur une femme. *Pour autant, cette généralité comportent des exceptions que nous avons étudiées auprès de sujets entraînés de façon similaire et de poids égaux. En l'espèce, nous avons constaté que plus le combat devient libre, c'est-à-dire avec peu de règles, plus les différences s'effacent. Dans le combat de survie sans règles, les différences physiques et biologiques disparaissent, le plus fort est alors le plus déterminé à vivre, le plus sauvage, celui ou celle qui sortira son instinct animal pour survivre.*
En combat de survie, les femmes sont redoutables, encore faut-il qu'elles croient en elles, qu'elles prennent conscience du lavage de cerveau dont elles sont victimes depuis leur enfance et qu'enfin elles prennent confiance en leurs capacités physiques, biologiques, biomécaniques et nerveuses, qui font d'elles des combattantes à part entière. S'il y a un domaine que nous avons étudié où les femmes sont supérieures aux hommes, c'est celui de la protection des enfants. Dans la nature, aucun tigre ne fera face à une tigresse qui est

décidée à protéger sa progéniture et un ours aussi puissant soit-il ne fera pas reculer un femelle puma qui défend ses petits.

Mais peut-être touchons-nous là à un point important, car la nature ne laissant rien au hasard, comment imaginer que la vie puisse être donnée par un être faible et incapable de défendre sa progéniture. L'avenir d'une espèce serait vite menacé, si seul le mâle pouvait assurer la protection des petits, ainsi les femmes n'échappent pas à la règle, toutes griffes dehors, elles sont parfaitement capables de défendre leurs enfants avec efficacité. Dans ses conditions, pourquoi ne pourraient-elles pas le faire pour elles-mêmes ?

Comme nous l'avons déjà dit, le problème n'est pas physique mais culturel. Il est difficile, nous en faisons souvent l'expérience, de convaincre une femme sur ses capacités à se défendre physiquement, il est possible que pour certaines d'entre elles, le blocage soit biologique et plus particulièrement épigénétique, résultat de siècles de soumission et de manipulation mentale visant à assurer la dominance des hommes. L'apprentissage du combat défensif de survie vise à rétablir cet équilibre, à faire prendre conscience aux femmes des armes et des capacités que la nature leur a donné, à faire sauter les verrous biologiques, à rétablir la confiance en elles et à s'épanouir dans un monde masculin qui a les faiblesses de sa dominance.

Anthropologie du combat

Chapitre VIII.

Les différents types de combat.

> « Il vaut encore mieux se servir d'une arme.
> brisée que de rester les mains nues ».
>
> William SHAKESPEARE- Othello.

Nous distinguons trois types de combat rapprochés (ou corps à corps).

- ➢ Le combat défensif de survie.
- ➢ Le combat rituel.
- ➢ Le combat commandé.

Le combat défensif de survie :

Fuir, combattre, anéantir la menace, le combat défensif de survie est le combat du présent, il actionne la machine humaine de façon réflexe sans que nous ayons besoin de nous en occuper. Il est l'ange gardien, le recours ultime, géré par le couple reptilo limbique, il fait appel aux réflexes de survie innés et acquis. Il a pour but unique de nous permettre de survivre. Il est défensif, car il intervient pour faire face à une agression. Le combat de survie annule la force physique, la technique, la corpulence, le sexe (H ou F), les années d'entraînement, la condition physique, les qualités athlétiques, et la peur des sanctions. Son apprentissage est possible dans des conditions particulières et ne sera plus oublié s'il est correctement appris. IL est le cadeau de la nature à notre espèce pour lui permettre de survivre.

Le combat rituel :

C'est se battre par définition, le combat rituel est le combat des croyances et des conditionnements, il est le combat de la mémoire, l'apprentissage des techniques maintes fois répétées et appliquées avec méthode, mais il est aussi le combat de l'égo et des émotions qui en font une de ses très grandes faiblesses. Le combat rituel implique la volonté de part et d'autre de l'affrontement, l'invitation au combat « d'homme à homme ».
Le combat rituel répond à des règles naturelles : des blocages innés qui engendrent une répulsion émotionnelle empêchant de tuer ou blesser gravement un autre être humain, ou acquises : l'existence de règles de combat même, dans les combats très violents comme les combats dits « libres », mais où il est interdit de mordre, attaquer les yeux, les parties génitales, arracher les oreilles …. Et, où il existe un arbitre : contrairement au combat défensif de survie qui par définition ne répond à aucune règle.
Le combat rituel s'apprend dans les salles de sport en pratiquant les sports de combat, dans les dojos en pratiquant les arts martiaux. Tous les règlements de compétitions sportives, arts martiaux et sports de combat répondent à la loi des affrontements rituels.

Le combat commandé :

<u>Nous distinguons deux types de combat commandé</u> :

Le combat commandé de faible intensité : il est pratiqué par temps de paix, exercé par des soldats de la

Anthropologie du combat

paix ou des gardiens de la paix. En général, il est composé de différents systèmes de combat plus ou moins élaborés visant à neutraliser un adversaire. Il convient de noter que ce dernier accepte plus ou moins les faits et reconnaît l'autorité qui essaye de l'interpeller ce qui diminue sa résistance au combat. Il arrive cependant que l'adversaire oppose une résistance active, mais le nombre souvent supérieur des représentants de l'autorité, leur donnent un avantage certain. Le système de combat TIOR[35], enseigné dans l'armée française, les méthodes de GTPI[36], enseignés aux policiers, les méthodes de « tonfa police » et, toutes les méthodes impliquant des moyens d'amener et de neutralisation répondent tous au même impératif : Interpeller un agresseur ou un opposant en lui occasionnant le moins de dégâts physiques possible afin de le remettre à la justice.

Le combat commandé de faible intensité est très particulier car il est pratiqué dans un cadre professionnel et opérationnel par des représentants d'autorités constituées. Il obéit à des règles d'engagement strict et surtout il interdit la fuite ou la soumission. En effet, force devant rester à la loi ! il est impensable qu'un policier prenne la fuite ou se soumette face à un individu à interpeller, voilà sans doute pourquoi la faiblesse des systèmes enseignés est compensée par le nombre des intervenants, ceux-ci ayant déjà fort à faire pour lutter individuellement contre leur propre peur.

Nos propres expériences d'interpellation, dans un cadre professionnel, montrent très clairement que les méthodes sont appliquées tant que les intervenants se

---

[35] Techniques d'Intervention Opérationnelle Rapprochée.
[36] Gestes techniques professionnels en intervention.

trouvent face à une opposition en nombre et en intensité inférieure, par contre, dès que le nombre d'opposants augmente, avec en parallèle une intensité du combat, les intervenants passent en combat rituel, se servant plus des poings et des pieds, les méthodes trop sophistiquées sont oubliées, au profit du combat rituel. Nous sommes très sceptiques sur l'efficacité de tels systèmes de combat (d'intervention) en dehors des cadres opérationnels professionnels et nous pouvons même dire que nous sommes sceptiques sur leur efficacité dans un cadre opérationnel contre un opposant décidé à résister par tous les moyens. Nous attendons toujours de voir un policier passer une clef dite « de la mariée » ou une « Américaine » avec son tonfa contre un opposant décidé à résister. L'argument consistant à démontrer l'efficacité de ses méthodes pour les civils, au motif qu'elles sont pratiquées par les forces de l'ordre avec efficacité est commercial et surtout nous semble faux. Pour résumer le combat commandé de faible intensité est efficace en supériorité numérique, lorsque les intervenants sont correctement entraînés et que les opposants n'offrent pas une véritable résistance.

Le combat commandé de haute intensité : il est destiné aux soldats en guerre, il enseigne les techniques dites mortelles afin d'anéantir un ennemi. Nos recherches et les informations recueillies depuis de nombreuses années, nous poussent à être très prudent sur les techniques soient disants « redoutables » ou « meurtrières » enseignées aux soldats, cela relève sans doute plus du fantasme, que de la réalité. En effet, nous constatons que l'entraînement à mains nues des soldats de pays en guerre, reste très classiquement dans le domaine du rituel. Actuellement, l'entraînement des soldats US (corps des marines..) partant pour les pays en guerre, ressemble au combat libre avec méthode de soumission. Nous relevons, que dans les armées modernes, un soldat sera plus entraîné à l'utilisation des armes permettant de tuer à distance qu'au combat à mains nues, exception faite de certaines unités spécialisées du combat à l'arme blanche qui bénéficient d'un véritable enseignement destiné à tuer. Nous en arrivons, après étude, à considérer que le combat au corps-à-corps sans armes, ne constitue pas une priorité, en combat commandé de faible ou de haute intensité. Si les unités spécialisées ou d'élites semblent avoir accès à un entraînement au combat dans des conditions réalistes, force est de constater que les autres militaires ou policiers y ont rarement accès[37].

Face à un prédateur humain passé en mode reptilien, un pratiquant du combat rituel ou du combat commandé n'évitera pas de graves problèmes, voir l'anéantissement, s'il persiste dans l'utilisation de son système de combat. Face à cette machine de guerre destinée à détruire, la seule façon de résister est de sortir le fauve que la nature à mise en nous pour nous protéger. Ce fauve que nous avons essayé de dompter, de faire disparaître, sans heureusement y parvenir est si efficace que, le fait même de le réveiller va suffire bien souvent à dissuader un prédateur. Celui-ci , saura reconnaître la difficulté et préférera se diriger sur une proie plus facile. Cependant, force est de constater que le combat défensif de survie est difficile à enseigner et à apprendre, notre socio culture faite de règles et de rituels nous bloque dans son apprentissage.

---

[37] A noter toutefois des initiatives privées de qualités comme le « challenge Patrol » permettant des mises en situation réalistes et professionnelles.

Anthropologie du combat

Depuis le néolithique nous avons dérivé. Le combat d'embuscade où, la ruse, la surprise, la rapidité d'action étaient des atouts majeurs ont pratiquement disparu. Place aux combats rituels ! place aux règles qui favorisent le plus fort physiquement, le plus agressif, le plus entraîné. Place à la mystification des dominants, qui établissent les règles à leur avantage, en faisant croire que rien d'autre n'existe. Cette mystification du combat rituel, avec règles apprises, prend sans doute ses racines dans nos esprits avec les Grecs et les Romains, il y a plus de 2000 ans. Nous n'avons en modèle, que les batailles rangées ou l'ennemi se fait face sur des champs de batailles et nous méprisons l'embuscade, la ruse, la guérilla, qui sont sans honneur, nous apprend-on depuis notre plus tendre enfance. L'homo sapien doit réapprendre le combat défensif de survie et être conscient du lavage de cerveau qui lui a fait oublier que lors d'une agression, l'essentiel est de survivre, pas de se battre suivant des règles inventées par les plus forts.

« Si vis pacem, para bellum » « si tu veux la paix, prépare-toi à la guerre » nous dit le proverbe latin, le conseil est sage et s'applique plus à un individu qu'a une armée. L'homo sapien vivant dans une société de moins en moins violente - il est important de le noter - a cru pouvoir oublier l'apprentissage du combat défensif de survie. Nous avons cru que nous étions à l'abri des violences de nos semblables, l'erreur est humaine, pourtant il n'en est rien. La présence dans nos sociétés pacifiques d'une organisation police/ justice, très structurée et souvent efficace, ne peut empêcher la violence. Tout juste peut-elle la contenir lorsqu'elle est issue d'individus raisonnables. Mais que peut cette même organisation devant ceux qui ne la craigne pas ?

Anthropologie du combat

L'un des traits communs des personnalités antisociales n'est-il pas : « *Le dédain complet pour la sécurité de soi et des autres* ». « *l'incapacité à ressentir la culpabilité ou à profiter de l'expérience, en particulier des punitions »,* dans ses conditions, devant l'absence de peur, de remord et de crainte de la punition, d'un psychopathe ou d'un sociopathe, quelle est l'efficacité des organisations chargées de nous protéger ? Il faut le dire, devant de tels agresseurs utilisant la ruse, l'embuscade, la surprise, la rapidité, la violence extrême, nous sommes seuls. Ils sont les loups, nous sommes les moutons. Quelquefois, parce que nous pratiquons un art martial ou un sport de combat, nous croyons être des tigres alors que nous ne sommes en réalité que des « moutons tigres » rien de plus.

Anthropologie du combat

Chapitre IX.

Structures et niveaux d'organisation.

Une science comme la cybernétique[38] peut nous apporter beaucoup dans notre compréhension sur l'efficacité des systèmes de combat.
Les techniques d'une méthode de combat (arts martiaux, sports de combat ou self-défense) représentent un ensemble qui permet d'agir dans une situation donnée. Les techniques qui représentent l'ensemble, ne sont pas placées au hasard et elles entretiennent entre elles des relations afin de permettre une action. Les relations, entre les différentes techniques, constituent la structure de la méthode de combat. Nous pouvons donc définir la structure de la méthode de combat, comme étant l'ensemble des relations entre les différentes techniques.
Pour être efficace ou tout simplement pour se maintenir, cette structure doit être maintenue active par l'apport de nouvelles techniques et (ou) de nouvelles expériences (en rapport avec l'environnement, l'époque). En effet, tout système qui n'évolue pas régresse. Un système de combat constitue donc un niveau d'organisation qui doit maintenir sa structure. Un niveau d'organisation est par définition un système régulé, un effecteur, produisant un effet qui lui-même va apparaître sous la pression de facteurs positifs ou négatifs. Un niveau d'organisation, pour être réaliste doit être en relation constante avec des niveaux d'organisation sous jacent et sus-jacent, c'est-à-dire, qu'il doit être muni d'une commande de servomécanisme extérieur au système régulé qui lui

---

38 Sciences des systèmes autorégulés

Anthropologie du combat

permet une bonne adaptation. Dans le cas d'une agression physique, l'humain qui va subir cette agression est un ensemble qui constitue lui-même un premier niveau d'organisation, le système de combat, nous l'avons vu en constitue un deuxième, l'environnement (la rue, l'agresseur..) en constitue un troisième. Pour pouvoir résister efficacement à l'agresseur, le niveau d'organisation du système de combat doit, échanger en permanence avec les niveaux sous-jacents (le système nerveux en situation de conflit par exemple), et sus-jacent (le réalisme de la rue, la connaissance des méthodes de prédations...).

Le problème de beaucoup de systèmes de combat visant à préparer un individu à la défense dans la rue, où en situation réelle, est l'ignorance par les instructeurs des niveaux sous jacent (le système nerveux sous stress par exemple) et sus -jacent (la rue et les agresseurs), **en conséquence un système de combat n'est souvent qu'un niveau d'organisation isolé, qui est totalement inefficace pour se défendre dans des conditions réelles**. Au mieux, cela ne sert qu'à bouger un peu et au pire cela va aggraver la situation, en faisant faussement croire à une efficacité réelle et paradoxalement en inhibant des réactions naturelles, qui auraient sans doute permis une sauvegarde de l'individu. Tentons une explication : un système de combat parce qu'il est enseigné à des êtres vivants, le devient lui-même, avec les interactions relatives à tous les organismes vivants sur cette terre. Le système de combat devient élément de biomécanique et l'interaction entre les niveaux d'organisation du vivant n'est pas un choix mais, une nécessité. Or force est de constater que trop souvent, les systèmes de combat ne sont en réalité que des niveaux d'organisation fermés sur eux-mêmes par la faute des instructeurs et autres professeurs qui manquent de connaissances sur le fonctionnement de l'humain et l'expérience du réel.

On peut comparer la structure de la plupart des systèmes de combat à des poupées russes s'emboîtant les unes dans les autres de la plus grande à la plus petite, chacune se ressemble, mais aucune n'est en relation avec l'autre. Lorsqu'un entraîneur de self-défense après un stage chez un expert ajoute des techniques et des méthodes à son système, il ne fait qu'ajouter une poupée supplémentaire. Il aurait été plus judicieux pour lui et bénéfique pour son expérience de passer une nuit par semaine en immersion à la gare du nord à Paris pendant un an. Mélangé aux marginaux et aux personnalités antisociales, il se serait alors confronté à la réalité de la rue et de l'agression, sa crédibilité y aurait gagné ce que son égo y aurait perdu. Comprenons bien qu'un système de combat n'est rien par lui-même, il n'existe que parce qu'il devient vivant dans chaque élève et dans chaque enseignant et lorsque ce dernier prétend que son enseignement est valable pour se défendre en situation réelle, il faut alors se poser la question de savoir où et dans quelles conditions il a testé ses techniques et de quelles réalités l'on parle ! Prétendre que les techniques ont été utilisées pendant les guerres ou qu'elles sont utilisées par des policiers d'élite ne sert à rien, l'argument est commercial rien de plus ! les périodes, les vies, les expériences, l'éducation, les croyances, les physiques, sont différentes. Dans ces conditions, l'apprentissage doit être différent. Il n'y a aucun rapport entre un nettoyeur de tranchée de la guerre de 14-18 et un gendarme du GIGN et aucun rapport entre eux et la jeune femme qui après une agression dans le métro veut juste apprendre à se défendre, l'enseignement doit être cadré sur la réalité de chacun et s'adapter à son histoire. Si le problème se pose en combat défensif de survie, en revanche pour la pratique des sports de combat, le problème est différent, les sports de combat (boxe Française, combat libre, lutte, boxes…) constituent bien un niveau d'organisation, l'humain porteur des techniques en constitue un deuxième et l'environnement (le ring, la compétition, la salle de sport) en constitue un troisième.

Dans cette optique, nous constatons que les entraîneurs sont en général bien formés sur le corps humain et ses réactions dans l'action sportive notamment, lors du passage des diplômes d'état et fédéraux ainsi que sur la pratique de la compétition. Les trois niveaux d'organisation peuvent alors échanger des informations entre eux avec une certaine efficacité, nous pouvons donc dire qu'en sport de combat l'expérience et la connaissance de la réalité (compétition par exemple) des entraîneurs et des professeurs sont des éléments primordiaux pour la réussite d'un élève. Pour autant, vous l'aurez compris, la pratique d'un sport de combat, n'a rien à voir avec le combat défensif de survie. Le ring reste le ring, la rue reste la rue. Un pratiquant de sport de combat aura tout à gagner à se créer une boîte à outil self-défense avec quelques techniques, qu'il pourra appliquer sous stress lors d'une attaque surprise. En principe, il pourra retrouver cela dans les bases de son sport ou de son art martial en respectant les principes que nous donnons au prochain paragraphe. Nous avons parfaitement conscience que nos propos peuvent choquer, nous savons qu'ils vont à l'opposé des croyances actuelles sur le combat au corps-à-corps. Depuis des générations des milliers de personnes dans le monde, pratiquantes ou non, ont une fausse idée du combat. Il est difficile de penser autrement, il faut une grande ouverture d'esprit pour emprunter une autre voie, pour se remettre en cause et arrêter de penser comme son voisin ou comme la majorité. Ce n'est pas parce que 10 millions d'individus sont d'accord avec une erreur que cela en fait une vérité ! Nous vous engageons à être sceptique et à chercher vous-même en utilisant les outils présents dans ce livre, devenez un chercheur, soyez curieux, remettez en cause vos croyances, votre évolution est à ce prix ! Le défi est important, mais lequel d'entre vous est encore assez libre pour le faire ? Sans doute assez peu ! pourtant il n'y a rien de plus exaltant que de trouver son chemin.

Comment reconnaître un bon système de combat :

Sur le marché commercial des systèmes de self-défense, la personne non informée est bien souvent vulnérable. Si votre souhait est de pratiquer un système de défense capable de vous sortir d'une agression physique, vous devez vérifier les points suivants :

1) Le système doit être simple à comprendre, apprendre et reproduire, la progression sera différente d'un individu à l'autre, pourtant en quelques heures vous devez avoir acquis les réflexes et vous faire une idée sur la personnalisation des techniques.

2) Il ne doit pas nécessiter un entraînement important pour rester opérationnel, les contraintes de la vie quotidienne ne permettent pas toujours de passer 4 heures par semaine à s'entraîner.

3) Il doit inclure les armes modernes que l'on trouve dans la rue (couteaux, cutter..)

4) Il doit pouvoir fonctionner sous stress aigu lors d'une attaque surprise et doit se rapprocher, le plus possible, des gestes naturels. Il doit éviter les mouvements trop compliqués totalement inapplicables sous stress.

5) Il ne doit pas nécessiter une force et une condition physique exceptionnelles, il doit pouvoir être pratiqué lors d'un handicap passager, il doit inclure toutes les distances de combat, notamment le sol.

6) Il doit permettre de frapper mains ouvertes dans la majorité des cas, l'utilisation des poings fermés entraîne chez les sujets non habitués, des blessures aux mains, l'utilisation de gants de boxe doit rester exceptionnelle lors des entraînements, la seule tenue vestimentaire doit être celle de la rue.

7) Il doit inclure des scénarios de mise en situation réelle, reproduisant le stress d'une agression, mais attention ! il est important que cela puisse être fait de façon réaliste mais, pas n'importe comment, ainsi **vous devez toujours réussir à vous sortir d'une situation d'agression en vainqueur**, il en va de votre équilibre psychologique, fuyez l'enseignant qui ne respecte pas ce principe. Un scénario réaliste doit inclure vos préoccupations, un bon enseignant s'en préoccupera et proposera un travail adapté.

8) Il doit inclure une formation théorique expliquant le fonctionnement du système nerveux, les mécanismes de la peur, les types d'agresseurs.

9) Il doit être enseigné par des gens crédibles, du point de vue de leurs capacités physiques, psychologiques et de leur expérience personnelle de terrain. L'expérience du terrain n'est pourtant pas toujours un gage de qualité d'enseignement, comme nous l'avons déjà dit, une expérience de terrain n'a de valeur que pour celui qui l'a vécu. Dans le cadre d'un enseignement, il faut que le vécu puisse être transformé d'un point de vue pédagogique afin d'être restitué à l'élève en fonction de ses besoins. L'exercice est difficile, mais pas impossible. Les plus beaux états de service, militaires, policiers, les plus hauts grades martiaux, ne sont en aucun cas des gages de compétence, s'ils ne sont pas accompagnés de la pédagogie et de l'humanité nécessaire à un bon enseignant capable, de prendre en compte les angoisses, les peurs et les doutes de ses élèves. Ajoutons que la pédagogie ne suffit pas pour faire un bon professeur, celui-ci doit utiliser ses oreilles bien plus que sa langue.

Faites confiance à votre instinct, si vous pensez que la technique de défense contre couteau que l'on vous enseigne n'est pas réaliste et inapplicable dans la réalité, vous avez certainement raison !!! .

Chapitre X.

Le contrôle du stress et de la peur.

Connaître les mécanismes qui conduisent à la peur, contribue largement à une bonne gestion de celle-ci, comprendre que la peur n'est pas une faiblesse, mais un système d'alerte très sophistiqué chargé de la sauvegarde de notre espèce, est déjà un grand pas en direction de la sérénité. Il en est de même pour une bonne gestion du stress, comprendre le principe de l'inhibition de l'action et du syndrome général d'adaptation permet de mieux gérer le stress et de vivre mieux et en bonne santé.

De tout temps, l'Homme a cherché à contrôler ses émotions et plus particulièrement sa peur, il a inventé des méthodes et des techniques plus ou moins efficaces, utilisées pour la gestion de ses émotions. Parmi celles que nous avons testées avec plus ou moins de succès, nous trouvons :

- *La respiration contrôlée.*
- *Le training autogène de SCHULTZ.*
- *L'imagerie mentale.*
- *La PNL - Programmation neurolinguistique.*

Nous avons testé les différentes méthodes pendant 16 mois sur nous-même, mais également sur nos étudiants, ceux-ci formant un groupe composé de filles et de garçons de 19 à 26 ans. Nous livrons ici nos impressions et conclusions, qui ne sont que des observations et en aucun cas des faits scientifiques.

1) La respiration contrôlée :

Elle est sans doute la méthode la plus efficace, facile à pratiquer et à comprendre. Pourtant, la respiration est un acte complexe, qui désigne à la fois la ventilation pulmonaire avec l'échange d'oxygène et de dioxyde de carbone au niveau des poumons et la respiration cellulaire. La respiration contrôlée s'appuie sur la ventilation ou respiration pulmonaire.

Si la respiration est un acte essentiel à la vie, force est de constater, que nous respirons souvent très mal, à minima et très souvent nos attitudes posturales nous conduisent à n'utiliser qu'une partie de nos poumons.

<u>Une respiration complète utilise trois niveaux de respiration</u> :

- ➤ <u>La respiration abdominale</u> : à l'inspiration le ventre est gonflé et le diaphragme s'abaisse, cela va permettre une meilleure dilatation des poumons, pour expirer, le ventre est rentré, cela fait remonter le diaphragme et l'air est chassé des poumons.

- ➤ <u>La respiration thoracique</u> : la plus classique car, utilisée sans intervention de la conscience, à l'inspiration le thorax se dilate et se vide à l'expiration.

- ➤ <u>La respiration scapulaire</u> : basée sur le travail de souplesse des épaules favorisant ainsi l'entrée de l'air dans les poumons.

Une bonne respiration inclue bien évidemment les trois respirations, **nous parlons alors de respiration complète.**

Lors d'une agression, il est fréquent d'avoir des problèmes de respiration, le souffle court, voir coupé. Nous avons vu que l'effet de l'adrénaline en réponse au stress de l'agression produit entre autre, cet effet.

<u>Pratique de la respiration contrôlée</u> : Nous allons voir différentes méthodes de respiration contrôlée, chacune ayant une action spécifique sur la gestion de la peur et du stress.

> ➢ <u>La respiration complète</u> : elle utilise les trois niveaux de respiration ci-dessus désignés, inspiration par le ventre, puis le thorax et enfin les épaules en arrière souple, cette respiration est très importante pour l'équilibre général du corps et devrait être pratiquée chaque jour jusqu'à ce qu'elle devienne un réflexe.

> ➢ <u>La respiration tactique</u> : très efficace pour appréhender une situation à venir, personnellement nous l'utilisons avant de prendre la parole dans une conférence, mais également lors de situation de stress intense comme la gestion d'un mouvement de foule hostile. La technique consiste à effectuer trois fois un cycle de respiration complète en effectuant 3 secondes d'inspiration (ventre thorax épaules), 3 secondes de blocage respiratoire, 3 secondes d'expiration.

Anthropologie du combat

➢ <u>La respiration de pré action</u> : très efficace en complément de la respiration tactique, à effectuer juste avant une action. La technique consiste sur un cycle de 3 respirations à effectuer, une respiration profonde de 3 secondes en respiration complète, bloquer 3 secondes et expirer en 1 seconde. Nous avons testé cette méthode sur des boxeurs. Ceux-ci l'utilisaient à la fin des temps de pose entre chaque round, les résultats furent étonnants en terme de combativité, surtout, sur la fin des combats. Nous l'avons également testé, lors de mise en situation dans le cadre du combat défensif de survie, les étudiant (e) s devant entrer dans un parking souterrain pour aller rejoindre une voiture, ils ignoraient bien entendu les modalités de l'agression à venir et étaient tous très anxieux. Les étudiants (e) s qui ont utilisé cette méthode de respiration, ont montré une plus grande agressivité lors de la confrontation avec l'agresseur. Les tests réalisés nous ont très clairement montrés que l'effet était décuplé si lors de l'exercice, des images mentales en rapport avec l'action à venir étaient associées, les images doivent alors être positives. Par exemple, pour le boxeur imaginer frapper son adversaire facilement dès la reprise du round, dans le cadre de l'agression dans le parking, imaginer mettre l'agresseur en fuite facilement (voir imagerie mentale), l'effet est également amplifié par un dialogue interne adapté « go.go.go » « aller bouge » « défends toi ».

> La respiration apaisante ou relaxante : Pour un retour au calme après une confrontation ou une agression, pour retrouver ses facultés, se calmer, ou simplement après une journée stressante, la technique consiste à effectuer 4 cycles de respirations complètes composées d'une inspiration rapide de 2 secondes, d'un blocage de 3 secondes et une expiration de 10 à 15 secondes. L'effet de calme sera amplifié si en même temps à l'expiration des images calmes (mer, nature, couleur bleue) est associé, un dialogue interne du style « calme toi » « cool » favorisant le retour au calme.

2) Le training autogène de SCHULTZ.

Johannes SCHULTZ était médecin psychiatre et psychologue, dans les années 1905 à 1935, il élabora une technique qui permet une réduction des tensions et du stress qui porte son nom. Nous conseillons vivement cette méthode, nous l'utilisons personnellement depuis plus de 10 ans avec des résultats remarquables pour obtenir une récupération optimale après des efforts intenses, pour la gestion du stress, pour faire disparaître l'anxiété et les troubles du sommeil.

Le training est composé de 6 exercices différents :

> Exercice de la pesanteur ou légèreté - en partant de la tête aux pieds, visualiser l'impression de lourdeur, de pesanteur de chaque membre.
> Exercice de la chaleur ou du froid, toujours de la tête aux pieds, visualisez mentalement une impression de chaleur ou de froid dans les

membres.
- ➢ Exercice de contrôle du cœur - prendre conscience du rythme cardiaque.
- ➢ Exercice de contrôle respiratoire - concentrez-vous sur votre respiration pour obtenir et conserver une respiration lente et ample.
- ➢ Exercice de chaleur abdominale.
- ➢ Exercice de la fraîcheur du front.

Au cours des exercices, il faut s'abstenir de tout mouvement volontaire, la concentration mentale sur l'exercice est très importante et les résultats arrivent rapidement mais progressivement. Il est conseillé de pratiquer trois fois 5 minutes par jour pour une bonne efficacité. Chaque exercice est pratiqué une semaine durant, il faut donc 6 semaines pour pratiquer le cycle du training autogène. Personnellement, nous avons jamais réussi la pratique de l'exercice N°2 et N° 6, nous pratiquons donc les autres sans que cela ne porte préjudice à l'efficacité de la méthode. L'avantage de cette méthode est qu'elle peut être pratiquée rapidement n'importe où et à n'importe quel moment.

3) *L'imagerie mentale :*

L'imagerie mentale a fait ses preuves dans le monde du sport depuis des années, elle peut être visuelle, auditive ou kinesthésique, et peut être pratiquée en acteur ou en spectateur.
L'imagerie mentale, encore appelée visualisation, est un ensemble d'exercice d'imagination faisant appel aux cinq sens, que sont le toucher, la vue, l'ouïe, l'odorat et le goût. Elle permet d'évoluer vers une action, elle sera relaxante et apaisante dans le cadre d'un retour au

calme ou pour récupérer d'un effort ou d'une confrontation mais, dynamique et agressive si le but est la préparation à une action.

Dans le cadre de la préparation à une action difficile, il est possible de faire une imagerie par anticipation, par exemple pour le passage d'un examen, une prise de parole devant un public, une compétition sportive, le but étant d'anticiper par imagination l'action à venir à son avantage et de façon positive.

Nous avons obtenu des résultats très intéressants avec un groupe d'étudiants, lors d'une phase d'apprentissage de technique, nous avons constaté que ceux qui complétaient les entraînements classiques par des séances de visualisation progressaient plus rapidement que les autres. À la fin des entraînements classiques nous proposions au groupe en question de rester 15 minutes de plus pour visualiser les techniques apprises lors de la séance et les intégrer dans des situations d'agressions virtuelles. L'expérience a duré 5 semaines et à l'issue nous avons organisé une mise en situation comprenant trois agressions dans trois scénarios différents, nous avons alors constaté que le membres du groupe de visualisation ripostaient plus vite et surtout appliquaient les techniques plus rapidement et avec plus de précision que les autres, si cela n'apparaît pas forcément en regardant la situation à chaud, cela apparaît très nettement lors de l'analyse vidéo.

La visualisation semble donc être un atout supplémentaire pour faire face au stress, à la peur et pour l'apprentissage des méthodes de combat défensif de survie, pourtant les images doivent répondre aux critères suivants :

Anthropologie du combat

- Les images doivent faire appel aux différents canaux sensoriels (voir, entendre, sentir ressentir).
- Elles doivent être adaptées à l'activité.
- Elles doivent être exactes, c'est-à-dire reproduire le mieux possible la situation, les dimensions d'objets, la localisation, la taille des adversaires, les couleurs, les sons d'une action, les cris.
- Elles doivent être réalistes et correspondre à vos capacités, imaginer faire face à 5 agresseurs n'est pas réaliste pour une personne normale, il faut faire attention à ne pas reproduire des scènes de cinéma, nous conseillons de regarder les sites de bagarres prises par des caméras de vidéo surveillance pour une approche plus réaliste. Dans les mises en situations virtuelles, il est important de sentir le cœur battre, l'adrénaline couler dans les vaisseaux sanguins, les tempes battre, la pression sanguine monter.

Dans son excellent ouvrage intitulé « programmation psycho émotionnelle à la violence urbaine » Christophe JACQUEMART, indique, « *s'associer à la réussite et se dissocier de l'échec dans tous les scénarios, surtout lorsqu'on se confronte délibérément à ses peurs les plus paralysantes (se voir vaincre et pas écrabouiller !)* » Nous ne pouvons qu'être de cet avis et nous insistons sur cet aspect. Vous devez toujours quel que soit le scénario (imaginé ou réel) sortir vainqueur de la confrontation, fuyez les enseignants qui ne respectent pas ce principe, il en va de votre santé mentale.

Séance type effectuée par nos étudiants sur une journée et ayant donnée des résultats intéressants, cette séance inclut la respiration contrôlée, le training autogène et l'imagerie mentale.

- ➢ <u>Le matin au réveil</u> : trois exercices de respiration contrôlée relaxante suivie d'un training autogène avec exercice de la pesanteur incluant, une visualisation mentale ayant pour thème une journée positive et dynamique, terminer par trois exercices de respiration contrôlée de pré action. Durée 15 minutes.

- ➢ <u>Avant la séance d'entraînement</u> : Faire une respiration contrôlée de pré action. Durée 5 minutes.

- ➢ <u>Après l'entraînement</u> : trois exercices de respiration contrôlée relaxante suivie, d'un training autogène avec exercice de la pesanteur incluant, une visualisation mentale reprenant les exercices pratiqués et les mettant en applications réalistes. Terminer par trois exercices de respiration contrôlée de pré action avant 18 heures ou trois exercices de respirations contrôlée relaxante après 18 heures.

- ➢ <u>Le soir au coucher</u> : trois exercices de respiration contrôlée relaxant suivi d'un training autogène avec exercice pesanteur ou chaleur incluant une visualisation mentale reproduisant des images de calme (mer, ciel, fleuve, plage etc. ...).

<u>*4)La programmation neurolinguistique :*</u>

À l'heure où nous écrivons ces lignes, nous testons cette méthode dans le cadre de l'apprentissage du combat défensif de survie, nous donnerons les résultats de notre étude dans le livre II de l'anthropologie du combat.

La PNL ou programmation neurolinguistique fut inventée par dans les années 1970 par John GRINDER et Richard BANDER en s'inspirant du travail de nombreux psychologues. La PNL est destinée à l'amélioration de la communication entre les individus et bien entendu au développement personnel. La PNL considère qu'à partir du moment où une personne a réalisé quelque chose, vous pouvez le réaliser également sous réserve, d'appliquer les mêmes stratégies et d'adopter les mêmes comportements.

<u>Les présupposés de la PNL liés au combat défensif de survie :</u>

> <u>La carte n'est pas le territoire :</u>

   Notre représentation de la réalité n'est pas la réalité elle-même, chaque individu étant unique, chacun analyse une situation en fonction de son vécu, de son époque, de sa situation sociale, ses capacités physiques ou mentales etc. Lors d'une même agression deux individus risquent de réagir différemment, voir de façon totalement opposée en fonction de la représentation qu'ils se font de la réalité.

Anthropologie du combat

➢ <u>Les ressources sont en chacun de nous :</u>

Chaque Homme, possède les ressources nécessaires pour faire face et atteindre ses objectifs et ses buts. Plus les ressources sont utilisées plus elles sont disponibles. Il arrive qu'elles soient cachées, pour autant elles existent bien et il faut les entraîner pour les voir grandir et s'exprimer.

➢ <u>On devient ce que l'on croit être :</u>

Toute croyance sur nos capacités affecte nos comportements et nos décisions durablement. Si l'on se croit incapable de se défendre lors d'une agression alors on le sera.

➢ <u>L'erreur est source d'apprentissage :</u>

Il est nécessaire d'apprendre de ses erreurs, faire des erreurs est positif si l'on en tire des enseignements pour progresser.

EPILOGUE.

Nous étions, ce chasseur cueilleur propriétaire de la planète il y a des milliers d'années, vivant avec la nature et se nourrissant d'elle. Nous étions, ce soldat sumérien il y a 7000 ans. Nous étions, ce guerrier berbère parcourant le désert. Nous étions, ce soldat grec servant Athènes ou Spart. Nous étions, ce légionnaire romain parcourant le monde, des sables du désert, aux rudes forêts germaniques. Nous étions, ce guerrier gaulois qui combattit à Gergovie. Nous étions, ses hommes et ses femmes qui combattirent pendant des milliers d'années, qui apprirent à survivre, à contrôler leurs peurs.
Nous avons combattu le serpent, le fauve à longues dents, le puissant mammouth et puis l'homme, notre semblable. Nous avons connu la rudesse des combats au petit matin, la peur tiraillant nos ventres, la sueur coulant entre nos épaules sous le soleil. Nous avons connu la douleur des coups et de l'acier dans nos chairs, l'épuisement et la fatigue, le regard de celui d'en face aussi effrayé que nous, le gémissement de nos ennemis vaincus, la joie de nos amis. Nous avons appris de nos victoires et de nos défaites.
Que de savoirs accumulés ! que d'expériences vécues enfermées dans nos gènes, que de souvenir dans nos têtes et pourtant que sommes nous devenus ? Prédateur impitoyable, mais fragile, condamné à disparaître, tuant, massacrant, anéantissant, tout sur son passage, tantôt prédateur, tantôt proie de sa propre espèce.

Anthropologie du combat

Pourquoi en sommes-nous arrivés là ? Sans doute la recherche du bien-être et du plaisir, en tant que besoin biologique et culturel, a-t-elle une grande part de responsabilité dans l'affaiblissement de notre espèce. La mécanisation des tâches de la vie quotidienne, nous a simplifié l'existence, mais en même temps nous a fait perdre nos capacités physiques et mentales destinées à nous permettre de soutenir des efforts exceptionnels. La dépendance envers des structures chargées de nous protéger, nous a désappris le combat pour la vie. L'étude de l'histoire des violences criminelles, nous montre que depuis le XIII siècle jusqu'à nos jours, les crimes n'ont cessé de diminuer, cette situation s'explique surtout par l'accroissement de la présence de l'état pour la gestion des conflits. Il est donc paru souhaitable, depuis cette époque, aux parents d'élever les enfants dans la non-violence, et de faire appel aux appareils de l'état, que sont police et justice pour le règlement des querelles. Le fort et le faible se retrouvent à égalité et le sentiment de sécurité s'en trouve renforcé. De nos jours, il est de moins en moins toléré d'avoir recours à la violence individuelle, seul l'état au nom de tous peut s'arroger le droit de faire usage de la force. L'Homo Sapien ne devant plus faire face à la violence, il pense qu'il ne lui est plus utile de savoir défendre sa vie, l'erreur est humaine, elle peut être fatale.
Depuis le début du néolithique, les relations entre individus sont établies sur une échelle hiérarchique de dominance permettant, la domination d'un groupe sur un autre ou d'un individu sur un autre. Dans ses conditions, il est utopique de croire en la non-violence et en l'absence d'agressivité dans nos sociétés

contemporaines, leur existence même est basée sur celle-ci. Ne plus savoir se défendre et dépendre des autres pour le faire est un acte de faiblesse qui inconsciemment ou non, est facteur d'angoisse. Certains se rendent alors dans les salles de sport pratiquer des activités de combats codifiées et réglementées. Si cela est utile pour faire cesser l'inhibition d'action et pour la santé en général, cela peut s'avérer nuisible lorsque la pratique est portée au rang de savoir absolu, capable de permettre de défendre sa vie contre un prédateur. En favorisant la faiblesse et la dépendance nos sociétés ont affaibli l'espèce, rendant du coup les faibles plus dépendants des forts et le citoyen dépendant de l'état tout puissant pour assurer sa sauvegarde et celle de ses proches. Mais l'état ne fait pas cela pour rien, contre sa protection il exige toujours une contrepartie qui est souvent un espace de liberté et une soumission sans faille. Les dominants au pouvoir disposent de la force publique et décident généralement des conditions d'engagement de celle-ci. En fonction de son lieu de vie sur cette terre, l'homo sapien sera plus ou moins bien protégé en cas de danger. L'éternel débat sur l'insécurité dans nos sociétés contemporaines en est l'illustration. Apprendre à se défendre par l'apprentissage du combat défensif de survie, ne veux pas dire qu'il faille faire abstraction des lois qui régissent un pays. « *À certains hommes tu ne dois pas donner la main, mais seulement la patte : et je veux que ta patte ait aussi des griffes* » écrivait NIETZSCHE[39]. Pour autant, nous ne prônons pas l'autodéfense lorsqu'il est possible de faire appel aux services de l'état, nous ne prônons pas non plus le combat rituel en dehors des

---

39 Philosophe allemand né le 15 octobre 1844 décédé le 25 août 1900

Anthropologie du combat

règles du sport. En cas d'agression par un prédateur humain, il y a peu de chance que nous soyons assistés par ceux qui sont chargés de nous protéger. Dans ce moment précis où une vie peut basculer il est indispensable de savoir défendre sa vie, celle de ses proches ou tout simplement porter assistance. Savoir nager permet de survivre lorsque l'on tombe accidentellement à l'eau, pour autant cela ne signifie pas que l'on puisse se passer des maîtres nageurs et autres sauveteurs aquatiques.

Il est possible de vivre mieux, de ne pas subir et exister tel que la nature nous a fait, de prolonger individuellement notre vie en devenant plus fort, en apprenant le fonctionnement de notre corps, de notre cerveau, en ayant confiance en nous, en pratiquant une activité physique et une méthode de combat réaliste, en ayant un mode de vie plus rustique -cela signifie nullement qu'il faille se passer de la modernité, la rusticité étant entendue comme la capacité de vivre et s'adapter partout , dans des conditions difficiles - et surtout , en se posant les bonnes questions. Pourquoi sommes-nous sur cette terre ? À quoi sers notre existence ? Sommes nous vraiment fait pour vivre comme on nous l'impose ? Avons-nous vraiment fait ce choix de société ? Pourquoi ai-je cette réaction en cet instant ? Il n'est pas besoin d'être savant pour réfléchir. Où est passé notre « instinct néolithique », celui qui fit émerger des civilisations certes, pas toujours sans reproches. Où est passé notre regard d'enfant qui nous poussait, il y a peu de temps encore, à nous intéresser à l'inconnu jusqu'à ce qu'il nous devienne familier, puis à découvrir autre chose, dévorant de nos yeux ronds, le monde qui nous entoure. Nos ancêtres, eux aussi,

durent découvrir un monde pour survivre, ils devinrent curieux par nécessité, afin d'assurer leur survie, chaque expérience étant mémorisée et transmise à la génération suivante pour assurer sa propre survie. Cette curiosité, ce désir d'exploration, ne serait-il pas en voie de disparition ? notre conformisme et notre mode de vie basés sur le plaisir à tout prix, ne serait-il pas en train de nous priver de nos capacités à chercher et découvrir ? pouvons-nous et devons-nous, nous reposer exclusivement sur une éducation de masse afin de transmettre « un savoir » à nos descendants ?
Dans son livre intitulé : « Petite philosophie à l'usage des non-philosophes », Albert JACQUARD écrit « *chaque élève a droit aux apports de savoir et de réflexion qui l'aideront dans ce qui est la tâche de toute une vie : devenir celui que l'on choisit d'être. Refuser à certains, sous prétexte qu'ils sont catalogués " mauvais élèves " ou " faits pour le travail manuel ", l'accès à un exercice intellectuel aussi fondamental que la philosophie, c'est accepter le découpage de l'humanité en catégories hiérarchisées, c'est-à-dire accepter la barbarie* ».
En effet, chacun d'entre nous, à n'importe quel âge, a le pouvoir fabuleux d'apprendre, de réfléchir, de comprendre, d'analyser et se faire sa propre opinion.
La vraie force commence par le savoir. Nous adhérons aux idées des dominants par paresse, par faiblesse, nous suivons les forts par peur, cette peur devenue un formidable moyen de pression pour établir la dominance d'une minorité sur le reste de l'humanité.
« *Pour être un membre irréprochable parmi une communauté de moutons, il faut avant toute chose être soi-même un mouton* » écrivit EINSTEIN[40]. Il n'y a rien

---

40 Physicien et philosophe né le 14 mars 1879 décédé le 18 avril

de plus pathétique que de voir des foules en liesse aduler un homme politique ou une star, porter avec fierté des vêtements à l'effigie de l'élu ou du leader charismatique inventé de toutes pièces. Dans son livre « la Colombe assassinée » Henri LABORIT écrit :« *Dans ce monde humain si complexe, on se demande comment les masses peuvent encore écouter, sans sourire, les homélies politiques dont on abreuve nos oreilles chaque jour. Comment elles peuvent voir à la télévision, sans être soulevées par un rire cosmique, ces représentants des fractions populaires gesticuler et grimacer comme des clowns sans en avoir l'humour, avec des vocalises, des modulations harmoniques de leurs discours, attendant de façon rythmique les applaudissements forcenés d'une foule éblouie* ».

La politique n'est qu'un exemple, mais notre monde regorge de ses situations grotesques ou, l'homo sapien, est la proie des informations contenues dans son système limbique.

Nous faisons le vœu que chaque homo sapien sur cette terre, devienne un chercheur et trouve en lui les ressources qui lui ont été laissées par ses ancêtres en les utilisant au mieux pour notre espèce. Nous faisons le vœu que celui-ci, fort des expériences passées utilise son cerveau pour imaginer le monde de demain. **Pour arriver à cela l'homo sapien doit douter, nous disons même que douter, se poser des questions et essayer d'y répondre, est un devoir commun à l'espèce humaine.**

L'une de nos plus grandes erreurs fut sans doute d'oublier que sous notre aspect civilisé vit un animal redoutable et que celui-ci guide encore nos pas. Puisse cet essai : en rien défaitiste, vous inciter à regarder et

---

1955, prix Nobel de physique en 1921

comprendre ce qui se passe en vous. Devenir plus fort dans vos têtes et dans vos corps, est une excellente façon de mieux vivre et de transmettre vos qualités à vos descendants. Pour survivre il faut certes, savoir se défendre mais cela passe par comprendre.

Nous avons pris un chemin sans issue qui nous mènera, dans quelques centaines d'années à notre perte. En tant qu'espèce nous aurons eu une vie passionnante, il faut bien l'avouer. Dans le livre II de l'anthropologie du combat, nous aborderons le corps dans sa globalité, nous approfondirons notre recherche sur le lien corps et mental et tenterons de donner des pistes à explorer pour devenir plus fort.

Anthropologie du combat

"J'aurai vécu, infime parcelle d'une espèce qui a progressivement, au fil des siècles, couvert la planète de sa présence. Une espèce dont chaque élément souffre, individuellement ou en groupe, sans comprendre que sa souffrance, c'est de lui qu'elle naît, s'épanouit et s'étale à travers le monde. Seule espèce à avoir établi le meurtre au sein d'elle-même, comme seul moyen d'atteindre un bonheur inaccessible. Une espèce dont on manipule les foules avec des mots d'abord, et quand ceux-ci ne suffisent pas, avec des armes meurtrières. Une espèce dont chaque élément ne cherche plus à savoir pourquoi il est venu en ce monde, pourquoi les autres y sont aussi, c'est-à-dire ce qu'il y fait pourquoi il agit, comment il pense et souffre, et qui se contente, s'il s'en préoccupe parfois, d'explications langagières simplistes, croyant trouver en lui ce qui n'est que le pâle reflet des paroles des autres, les vivants et les morts, la paix du cœur et de la pensée..."

Henri LABORIT.

Anthropologie du combat

Références bibliographiques

- *AUDOIN-ROUZEAU Stéphane: Combattre-* **Edition du Seuil Mars 2008**

- *ARDANT DU PIC Charles : Etudes sur le combat – Combat antique et combat moderne .* **Editions IVREA OCTOBRE 1999**

- *BOUTHOUL Gaston : Traité de Polémologie – Sociologie des Guerres.* **Bibliothèque scientifique PAYOT MARS 1991**

- *BOUREDELAIS Patrice et FASSIN Didier : Les constructions de l'intolérable, étude d'anthropologie et d'histoire des frontières de l'espace moral.* **Editions LA DECOUVERTE FEVRIER 2005**

- *BANDLER Richard et GRINDER John : Les secrets de la communication - les techniques de la PNL.* ***LES EDITIONS DE L'HOMME – groupe LIVRE***

- *IRENÄUS EIBL-EIBESFELDT : L'homme programmé.* ***EDITION FLAMMARION DECEMBRE 1975***

- *JACQUEMART Christophe :* **Programmation psycho-émotionnelle à la violence urbaine.**

- *LABORIT Henri: La nouvelle Grille –* **Folio essais MAI 2008**

- *LABORIT Henri : Dieu ne joue pas aux dés-* **GRASSET EDITIONS – AOUT 1987**

- *LABORIT Henri : La colombe assassinée –* **GRASSET EDITIONS 1983**

- *LORENZ konrad : L'agression , une histoire naturelle du mal* **EDITION FLAMMARION 1977**

- *MORRIS Desmond : Le singe nu .* **EDITION DU LIVRE DE POCHE**

- *GUILAINE Jean et ZAMMIT Jean : Le sentier de la guerre . Visages de la violence préhistorique –* **EDITIONS DU SEUIL JANVIER 2001**

- *GIROD Antoni : PNL et performance sportive .* **EDITIONS AMPHORA OCTOBRE 1999**

- *PLEE Henri : Chroniques Martiales :* **BUDO EDITIONS JUILLET 2004**

- *PLEE Henri et SAIKO Fujita : L'art sublime et ultime des points vitaux .* **BUDO EDITIONS NOVEMBRE 2004**

- *ROUSSEAU Jean-Jacques : De l'inégalité parmi les hommes .* **EDITION LIBRIO DECEMBRE 1999**

Anthropologie du combat

TABLE

Introduction.

I. *L'anthropologie du combat.*

II. *Nos ancêtres.*

III. *Le fonctionnement du système nerveux.*

IV. *Agression -agressivités violences.*

V. *L'inhibition de l'action.*

VI. *L'épigénétique.*

VII. *Manipulations mentales- mythes et réalités.*

VIII. *Les différents types de combat.*

IX. *Structures et niveaux d'organisation.*

X. *Le contrôle du stress et de la peur.*

Anthropologie du combat

Notes

Notes

Anthropologie du combat

(c) 2010, Jean-Luc Guinot
Edition : Books on Demand GmbH, 12-14 rond-point des Champs Elysées, 75008 Paris
Impression : Books on Demand GmbH, Allemagne
ISBN : 9782810620227